国际经济学译丛

产品多样化与国际贸易收益

著 / [美]罗伯特·C. 芬斯特拉

译 / 陈 波

格致出版社　上海人民出版社

前　言

本书的手稿是 2007 年 4 月 25—27 日在哥本哈根大学做茨威森系列讲座(Zeuthen Lectures)时的讲义。在这里,我非常感谢 Karl Gunnar Persson 和他在经济系的同事们的盛情邀请以及热情接待。这个讲座也曾于 2008 年 4 月 11—16 日在诺丁汉大学举办。两个地方听众的评论对本书的研究帮助很大。在准备手稿期间,我得到了马弘(现任教于清华大学)的大力协助,对此特别鸣谢。

距参与茨威森系列讲座也有一段时间了,本书中的研究又有了进一步的发展并获益于相关文献。特别指出,本书第 2 章的一些部分是基于芬斯特拉(Feenstra,2006)在 *Review of World Economics/Weltwirtschaftliches Archiv* (Springer)的论文和芬斯特拉(Feenstra,1994)在 *American Economic Review* 上的论文;第 3 章的一部分出自芬斯特拉(Feenstra,2010)在 *Journal of Canadian Economics*(BlackWell)的文章;第 4 章的一部分出自芬斯特拉和纪(Feenstra and Kee,2008)在 *Journal of International Economics*(Elsevier)的文章;第 5 章和第 6 章中有一部分出自芬斯特拉、赫斯顿、泰姆尔和邓(Feenstra,Heston,Timmer and Deng,2009)在 *Review of Economics and Statisitics*(MIT)的文章。本书整合了不同来源的相关材料,我希望本书的意义要远大于这些材料的简单加总:也就是说,本书能使进口和出口产品多样化对贸易收益的贡献机理更加清晰明了,也可以为学者们做进一步的研究指明方向。

目　录

第 1 章　引言　1

第 2 章　消费者从进口多样化中获得的贸易收益　9

CES 效用函数　11

垄断竞争模型　14

衡量替代弹性　16

识别问题　16

国家间面板数据的估计　19

美国从进口多样化中获得的好处　24

进口产品多样化的全球收益　25

附录 2.1　30

附录 2.2:用来估计替代弹性的 STATA 程序代码　34

第 3 章　生产者从出口多样化中获得的贸易收益　45

CES 下的产出多样化　47

异质企业的垄断竞争　50

出口多样化带来的全球收益　61

第 4 章　贸易的广延边际与国家生产力　66

对贸易广延边际的度量　67

出口种类和国家生产力　78

CES 收益函数　79

再次度量出口种类　83

估计结果　87

生产力分解　90

结论　93

附录 4　测度广延边际的 STATA 步骤　94

第 5 章　产品种类与实际 GDP 的度量　98

实际 GDP 的概念　99

实际 GDP 的度量　102

支出法实际 GDP　104

产出法实际 GDP 和贸易收益　106

合并进出口的广延边际　110

实证结果　117

无种类调整的贸易收益　118

有种类调整的贸易收益　124

结论　126

第 6 章　结论　128

参考文献　138

后记　148

第 1 章　引言

　　20 世纪后期,国际贸易研究的巨大成就之一是在理论中融入了垄断竞争模型。早期的文章,如赫尔普曼(Helpman,1981),克鲁格曼(Krugman,1979,1980,1981)和兰开斯等(Lancaster,1980),为规模报酬递增和产品多样化融入到国际贸易研究中做了奠基性的工作。在理论方面,这些文章的影响是意义深远的,它们影响了 20 世纪 80 年代的静态模型,90 年代内生增长的动态模型,一直到 21 世纪初的异质企业模型(Melitz,2003)。但是在实证方面,基于这些文献的模型相对而言发展得较为缓慢。究其原因,是垄断竞争模型需要新的实证研究方法来支持其理论研究的深刻内涵与结论。本书的目标在于描述衡量进口和出口产品多样化的方法以及因产品多样化带来的贸易利益。

　　垄断竞争模型推测了贸易收益中三个新的来源,而这三个新来源在传统的模型中是不存在的:第一,由于关税的减免导致企业间竞争加剧、定价能力下降,使得产品价格下降;第二,可供消费者选择的产品种类增加;第三,由于规模报酬递增,或者说,由于企业的异质性,在自由贸易下只有生产力高的企业才能在自我选择机制作用下存活下来,并导致该行业生产能力的提高。本书会依次对上述三个来源的收益进行论述。

　　企业定价能力的下降是贸易收益的第一个新来源,该观点是克鲁格曼(Krugman,1979)提出的,但在许多后续相关的文章中都没有提到这一点。由于国家间的贸易引起定价能力的下降的估计有：莱文索恩（Levinsohn，1993）对土耳其的估计，哈里森（Harrison，1994）对象牙海岸的估计，以及巴丁格（Badinger，2007）对欧洲国家的估计。但是这些案例都是依赖于贸易自由化来确定定价能力的改变，而不是根据垄断竞争模型理论得出的。这个模型不能用来估计定价能力的改变是因为固定替代弹性的模型（Constant elasticity substition，CES）意味着企业有一个固定的定价能力。在固定替代弹性的模型框架下，我们无法如理论推测的那样，在进口增加的同时估计定价能力的下降。在本书中，还会继续保持固定替代弹性的假设，因此书中不会再提到贸易收益的第一个新来源。[①]

第二个贸易收益的新来源是指消费者能够消费到更多种类的进口差异化产品。赫尔普曼、克鲁格曼和兰开斯特强调，更多种类的进口差异化产品是体现消费者利益提升的最主要的因素，而这在传统模型中是没有的。但是早期有关垄断竞争和贸易的实证文献很难对上述的消费者获得的贸易收益进行估计。例如，哈里斯（Harris，1984）基于垄断竞争构建了一个模拟模型来评估加拿大和美国实行自由贸易后所得到的贸易收益。[②] 尽管哈里斯在模型

---

① 有一些非 CES 的偏好函数也能使产品标价上涨，如 Melitz 和 Ottaviano（2008）的研究使用的二次型的偏好函数；Feenstra 和 Weinstein（2010）的研究中使用的对数形式的偏好函数；Saure（2009），Simonovska（2008）以及 Young（1991）的研究使用的有位移的原点位置的柯布—道格拉斯形式的偏好函数；Behrens 等（2007，2008）的研究使用的指数形式的偏好函数。

② 美加自由贸易协定在 1989 年被批准，为 1994 年北美自由贸易区奠定了基础。加拿大相关的文献可以追溯到 20 世纪 60 年代 Eastman 和 Stykolt 在 1967 年发表的文章，它们预测到加拿大在与美国进行自由贸易中获得很大的贸易收益，因为加拿大企业会扩大企业运营规模并降低成本。该文献早于垄断竞争模型的正式提出，但它们的分析精髓是一样的。

中对工厂的规模效应进行了工程估计（engineering estimate），但他不愿意加入产品差异化的假设。我认为他不愿意加入产品差异化假设的原因是哈里斯意识到，通过计算得出的贸易收益会对产品的差异化程度非常敏感，也就是说对产品的替代弹性很敏感。对于技术方面的原因，20世纪80年代，通过实证研究得出的替代弹性估计值可用的非常少，这些我会在第2章中展开深入讨论。估计出来的相对较低的替代弹性会夸大因贸易产品多样性给消费者带来的消费者收益。哈里斯意识到了模拟结果中存在潜在的偏误。因此，尽管他总是用到规模经济，但在他的模拟模型中，产品差异化仅仅作为一个次要的特征。

幸运的是，芬斯特拉（Feestra，1994）提出了估计贸易产品种类之间替代弹性的方法，根据该方法能够得到因进口产品多样化所带来的收益。这些方法最近被布洛达和韦恩斯坦（Broda and Weinstein，2006）应用。他们用该方法来度量美国在1972—2001年因进口产品多样化带来的贸易收益。他们使用的公式取决于替代弹性和进口产品多样化的直接度量，这也被称为进口产品的外延边际（Hummels and Klenow，2005）。布洛达和韦恩斯坦得出了美国贸易收益的估计值，该贸易收益占2001年美国GDP的2.6%，而这些贸易收益是由于美国在1972年至2001年间不断扩大进口产品多样化获得的。在第2章中，我们将讨论该方法的理论和实证方面的细节部分，其中包括计算进口产品多样化的STATA程序代码和估计替代弹性的STATA程序代码。

第2章中保留的假设（在第3章节该假设会放宽）是，进口产品多样性的增加不会引起国内产品多样性的减少。该假设在克鲁格曼（Krugman，1980）的模型中被提出。在这种情况下，相对于封闭经济，用简单的理论公式就能衡量从贸易中获得的收益。如阿科莱基斯等人

(Arkolakis et al.,2008a)提出的:在自由贸易下和封闭经济下的真实工资比率为$(1-进口份额)^{-1/(\sigma-1)}$,其中σ表示替代弹性。随着进口产品的市场份额的上升,或者产品差异化程度加大(即替代弹性σ下降),那么消费者就能从进口产品多样化中得到更多的收益。我们用这个简单公式来衡量146个国家在1996年因进口产品多样化获得的好处,研究发现,贸易收益占世界GDP的比重在9.4%到15.4%之间变动,具体大小取决于所使用的替代弹性。正如期望的那样,越小的国家倾向于拥有更大的进口市场份额,因而相应地也会从贸易中得到更多的好处。

贸易收益的第三个新来源把关注的焦点从经济中的消费者一方转向生产者一方,讨论国际贸易是否会导致企业生产力的提高。生产力的提升来自多个方面。企业可能依赖进口的中间投入品并因此在增加投入品多样化中受益,正如许多内生增长的文章中(Romer,1990;Grossman and Helpman,1991)所基于的假设那样,中间投入品种类的增加会有效促进企业产出的增长。在实证方面,评估差异化中间投入品重要性的文献包括布洛达,格林菲尔德韦恩斯坦和戈德伯等人(Broda,Greenfield,weinstein,2006)和Goldberg等人(2010),以及更早的芬斯特拉等人(Feenstra et al.,1999),劳克和鲁韦德(Funke and Ruhwedel,2000a,b,2001)。中间投入品多样化给生产者带来的收益在概念上等同于最终产品多样化给消费者带来的收益。

另一种生产力改进的来源在于贸易开放可能令企业通过规模经济效应降低成本。然而,出人意料的是,几乎很少有证据可以支撑该假设。例如,在加拿大案例中,赫德和里斯(Head and Ries,1999,2001)在文中发现,在美加自由贸易协定签订后,关税大幅度降低的行业中企业成长的速度并未系统性地快于其他行业。相反,关税降低对行业的负面影响却被近期特里夫勒(Trefler,2004)的论文所证实,特里夫勒也未发现关税降低对企业规模变动上的证据。另外,正如泰鲍特等人(Tybout et al.,1991,1995)提出的,当我们观察发展中国家——如智利和墨西哥——的关税自由化历程时,我们又一次证实了降低关税引起企业规模扩张的作用微乎其微。因此,基于这些事实,我们不能停留在企业层面的规模扩张来论证贸易自由化导致更高的生产力的机理。

但是还有其他的方法能够使行业生产力提升,并且该方法有着有力的数据支撑。在梅里茨(Melitz,2003)文章中提出的扩展的垄断竞争模型,企业的生产能力都是不同的,并且仅仅具有高效率的企业才能成为出口商。在梅里茨的模型中,随着贸易自由化程度加大,低效率的企业被强制退出市场,从而提高了行业的整体生产力。这个推测缘于加拿大在加入美加自由贸易协定后的发展经验。特里夫勒(Trefler,2004)发现,随着加拿大的低效率企业相继关闭,高效率企业规模逐渐向美国扩张。这些结论强烈地支撑了这样一个事实,即在美加自由贸易协定签订后,加拿大的企业进行自我选择,只有高效率的企业存留下来。巴德林格(Badlinger,2007b,2008)对欧洲国家的研究发现了更多的证据。

在第3章中,我们将论证这种自我选择可以继续被认为是产品多样化带来的收益,但该章中考虑的是影响经济的出口方面而非进口方面。令人惊讶的是,在梅里茨模型中,当贸易开放时,消费者从进口产品多样性中获得的收益被国内产品多样性减少抵消了。该发现可以解释阿科莱基斯等人(Arkolakis et al.,2008b)的理论结果,他们认为从贸易中获得的收益取决于进口的份额,而与消费替代弹性无关。他们

认为在自由贸易下和封闭经济下的实际工资比率是

$$(1-进口份额)^{-1/\theta}$$

其中 θ 是生产力分布的帕累托参数。这个公式来自生产者一方，企业的自我选择会导致国内产品和出口产品之间存在一个有固定替代弹性的转换曲线。在均衡状态有 $\theta>\sigma-1$，在这种情况下的贸易收益比从克鲁格曼（Krugman，1980）模型中得出的收益要少，但是两者的收益公式很相似。[①] 收益的减少是因为国内企业因贸易自由化的影响而退出市场。使用该公式来衡量 1996 年 146 个国家的贸易收益，我们发现，随着 θ 值的改变，贸易收益占世界 GDP 的比重在 3.5％至 8.5％间变动。

第 4 章，我们对贸易中产品多样性的度量进行更详细的讨论。赫梅尔斯和科莱诺（Hummels and Klenow，2005）提出了一个称为"进口和出口的外延边际"的度量方法，该方法符合 CES 函数中的产品多样性。我们将展示怎样构建出口的外延边际——用该国和其他伙伴国以及世界各国的进口数据来度量出口产品多样性；进口的外延边际——用该国和其他贸易伙伴国以及世界各国的出口数据来度量进口产品多样性。芬斯特拉和纪（Feenstra and Kee，2008）运用出口的外延边际来估计出口到美国等 48 个国家在 1980 年到 2000 年间因产品多样性增加带来的贸易收益，结果发现，出口到美国的产品多样性的平均值每年都增加了 3.3％，也就是说近 20 年来几乎翻倍。随着出口产品多样性的增长，出口国在近 20 年间也出现了累积 3.3％的生产力增长。

---

① 这些结果在 Arkolakis，Arnaud 和 Rodriguez-Clare（2009）一书中有所推广。

第 5 章,我们将借鉴佩恩表(Penn World Table,PWT),采用其他的方法来量化因产品多样化带来的贸易收益。正如最近芬斯特拉等人(Feenstra et al.,2009)指出的,佩思表可以用来度量各国人民的生活水平和实际 GDP。生活水平可以称为在支出方面的实际 GDP(简写为RGDE),它衡量在同一个参考价格系下的各国消费。另外,各国的实际产出量又可称为产出方面的实际 GDP(简写为 RGDO),它衡量在同一个参考价格系下的各国产出。RGDE 和 RGDO 的区别反映了各国所拥有的贸易机会,或者更精确地说,反映了各国的贸易条件——用进口价格与出口价格的比率来衡量。拥有高出口价格或低进口价格的国家在贸易中会比其他国家获利更多,因此也会有更高的 RGDE/RGDO比率。通过选择一个只有最差贸易条件的国家作为参考国,并且令该国的 RGDE=RGDO,我们就能解释 RGDE 和 RGDO 间的差异,它们之间的差异对其他国家而言都是正的,并以其来衡量因拥有比参考国更好的贸易条件的国家的贸易收益。

RGDO 可以用两种方法来计算:用直接观察到的各国的进口产品价格和出口产品的价格;或者估计计算经出口产品和进口产品的种类(即进出口产品的外延边际)调整的价格。在第二种情况下,我们将在国家的生产力中加入贸易多样性的影响。因此两种方法所计算的RGDO 之差衡量了贸易中产品多样化对生产力的影响,或者说衡量了因产品多样化而取得的贸易收益。这种估计法可与前面讲过的简单公式法做比较。我们发现从出口和进口产品多样化中取得的贸易收益相当于全球 GDP 的 9.4%。令人吃惊的是,没有任何证据表明小国的贸易收益会更高。事实上,小国拥有较低水平的进口外延边际和出口外延边际(即小国家可贸易的品种更少),抵消了小国因较高的贸易份额而获得的贸易收益。结果是国家大小和因产品多样化带来的贸易收益之间没有相关性。

在 PWT 数据中还有贸易收益的另一来源,即各国间不同的贸易条件(运用观测到的价格,而不是经产品多样性调整过的价格)。研究发现,大国有更高的出口价格因而贸易条件比小国要好。这一发现又引出了贸易收益的另一来源,它相当于世界 GDP 的 21.4%,甚至比因产品多样性带来的贸易收益更多。在这种情况下,贸易条件与国家大小成正相关关系。相邻国家得到了好处,额外收益也随之出现,因为它导致了较低的运输成本和较高的出口价格,或者说由于降低了贸易壁垒从而收到了同样的效果。另外,更高的出口产品价格意味着更高的产品质量,或者贸易的垂直差异化,而在本书中不会讨论相关问题。第 5 章所讨论的结果指出了在垄断竞争模型中引入产品质量的重要性,这种模型拓展已经展开。第 6 章将讨论一些其他的结论以及未来的相关研究方向。

第2章 消费者从进口多样化中获得的贸易收益

贸易丰富了消费品的多样性,在垄断竞争模型中消费者会因此而得益。这些收益的获得是基于这样一个想法,即每个国家生产的产品总会在某种程度上与其他国家的产品不同。不管是我们说的汽车、消费类电子产品或者食品,几乎任何行业,企业都会生产差异化的产品,这也是很合乎情理的。这样的跨国贸易使得消费者能够购买更多种类的产品。因此使用垄断竞争模型作基础来解释因产品多样化而带来的贸易收益至少直观上说是合理的。

从技术角度来看,衡量新引进的进口产品种类多样化给消费者带来的好处与在指数理论中的"新产品"问题是等价的,因为指数理论中所指的新产品在没进入市场前的价格是不可观察的,因而我们不知道在指数公式中应当把价格定位在哪里,这也就引发了"新产品"问题。许多年前希克斯(Hicks,1940)就该问题给出了答案,认为产品未进入市场前的价格就是消费者的"保留价格",即需求量为零时的价格。一旦产品进入市场,其价格受供需关系的影响就会下降,从而产品从消费者的保留价格到最后的实际卖出价格两者之间的价差可以用来衡量消费者从新产品进入市场后获得的贸易收益。

希克斯的想法已经被应用到豪斯曼(Hausman,1997,1999)对新产品的研究中,豪斯曼分析了手机或早餐全麦粥新进入市场的情况。豪斯曼使用的实证研究方法需要我们对每一个新产品预估一个保留价格。但在自由贸易下,从不同国家间新引入的进口产品都要设置一个保留价格,这将导致我们在使用豪斯曼方法时陷入困境。如果我们假设每一个产品供应国在与其他国家进行贸易时都会提供不同的产品,我们在贸易中即使没有上千种也会有上百个种类的新产品,这样的话,估计每种产品的保留价格是不现实的。因此,尽管希克斯提出的方法在理论上是完全正确的,但当存在产品种类多样化时,该理论在实际应用中就没有那么有效了。

我们通过采取固定替代弹性效用函数(CES)来解决这个难题。产品越多,需求弹性就会近似地与替代弹性 σ 相等。代表该效用函数的一个典型的需求曲线的形式可写为 $q=kp^{-\sigma}$,q 代表数量,p 代表价格,k 是一个大于零的常数。需求曲线如图 2.1 所示,当价格趋向无穷大时,曲线向纵轴靠近,产品的保留价格也因此变成无穷大。但是假设替代弹性大于一,则需求曲线以下的部分上有界,图 2.1 中面积 A 与面积 B 的比率可以很容易算出,$A/B=1/(\sigma-1)$。因此,即使保留价格无限大,新产品进入市场后总会有一个可以计算的消费者剩余,而衡量消费者剩余取决于对替代弹性的估计。

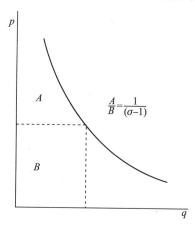

图 2.1　CES 需求曲线

本章的挑战在于如何把在贸易中只有一个产品的情形推广到贸易中有多个潜在可贸易的新产品的情形。为了分析存在多种新产品的情形,我们不用消费者剩余来衡量得到的福利(如图 2.1 中那样),而是用 CES 消费函数(类似于 CES 效用函数)的比率来得出消费者的确切生活成本指数。通过确定新产品是如何影响生活成本指数,我们可以得到因引进新产品所获得福利改进的表达式。解决了这个问题后,我们就可以将结果引入到克鲁格曼(Krugman,1980)的垄断竞争模型中。

CES 效用函数

我们将使用非对称的 CES 效用函数:

$$U_t = U(q_t, I_t) = \Big[\sum_{i \in I_t} a_{it} q_{it}^{(\sigma-1)/\sigma} \Big]^{\sigma/(\sigma-1)}, \sigma > 1 \qquad (2.1)$$

a_{it} 是随时间而变化的消费者偏好参数且恒大于零,I_t 代表在时期 t 价格为 p_{it} 时消费者可得到的产品集合,$I_t \subseteq \{1, \cdots, \widetilde{N}\}$,$\widetilde{N}$ 是可得到产品的最大数目。为得到一单位效用所花费的最小支出为:

$$e(p_t, I_t) = \Big[\sum_{i \in I_t} b_{it} p_{it}^{1-\sigma} \Big]^{1/(1-\sigma)}, \sigma > 1, b_{it} \equiv a_{it}^{\sigma} \qquad (2.2)$$

为简便起见,首先考虑 $I_{t-1} = I_t = I$ 的情形,即消费者可得到的产品集合不随着时间的变化而改变,并且 $b_{it-1} = b_{it}$,消费者的偏好也没随时间的变化而改变。我们假设观察的购买量 q_{it} 是给定价格和给定效用下最佳的,即 $q_{it} = U_t (\partial e/\partial p_{it})$。由萨托(Sato,1976)和瓦迪亚(Vartia,1976)计算出的指数告诉我们怎样去衡量单位支出的比率,或具代表性消费者生活成本的变化。

定理 2.1(Sato,1976;Vartia,1976) 如果可得到的产品集合是固定的,即 $I_{t-1}=I_t=I$,消费者偏好也是常数,$b_{it-1}=b_{it}$,并且观察的数量是最佳的,就会有:

$$\frac{e(p_t,I)}{e(p_{t-1},I)}=P_{SV}(p_{t-1},p_t,q_{t-1},q_tI)\equiv\prod_{i\in I}\left(\frac{p_{it}}{p_{it-1}}\right)^{w_i(I)} \quad (2.3)$$

权重 $w_i(I)$ 是由支出份额 $s_it(I)=p_{it}q_{it}/\sum_{i\in I}p_{it}q_{it}$ 得出:

$$w_i(I)\equiv\frac{(s_{it}(I)-s_{it-1}(I))/(\ln s_{it}(I)-\ln s_{it-1}(I))}{\sum_{i\in I}\left[(s_{it}(I)-s_{it-1}(I))/(\ln s_{it}(I)-\ln s_{it-1}(I))\right]}$$

$$(2.4)$$

(2.4)式中分子是 $s_{it}(I)$ 和 $s_{it-1}(I)$ 的"对数平均",并且其值处于这两个份额之间。分母则保证了权重加总为 1。(2.4)式中权重的特殊公式能精确地衡量(2.3)式中单位支出的比率,但在实际应用中,萨托-瓦迪亚(Sato-Vartia)准则可以用其他的权重公式得出相似的结果,例如在恩奎斯特(Tornqvist)价格指数中用到的权重 $w_i(I)=\frac{1}{2}\left[s_{it}(I)+s_{it-1}(I)\right]$。在这两种情况下都可以用(2.3)式中的几何平均值公式。定理 2.1 的重要性在于,消费者偏好参数越高的产品将会有更高的权重。因此,即使不知道偏好参数 $b_{it-1}=b_{it}$ 的真实数值,也可以得出精确的单位支出比率。

现在考虑这样一种情形,产品集随着时间变化而不断变化,有许多产品在所有的时间段都存在,因此 $I_{t-1}\bigcap I_t\neq\varnothing$。假设 $e(p,I)$ 代表在所有时期都可以得到的产品的单位支出函数,它是在所有时期都可得到的产品集合中的一个非空子集,$I\in I_{t-1}\bigcap I_t\neq\varnothing$,我们有时把集合 I 称为产品的"共同商品集"。比率 $e(p_t,I)/$

$e(p_{t-1}, I)$ 仍由以上理论的萨托-瓦迪亚(Sato-Vartia)指数来衡量。我们感兴趣的地方在于该比率 $e(p_t, I_t)/e(p_{t-1}, I_{t-1})$ 可以由下述定理来衡量。

定理 2.2(Feenstra, 1994) 假设对于任意的 $i \in I \subseteq I_{t-1} \neq \emptyset, b_{it-1} = b_{it}$, 并且观察到的数量是最佳的。$\sigma$ 大于 1,则:

$$\frac{e(p_t, I_t)}{e(p_{t-1}, I_{t-1})} = P_{SV}(p_{t-1}, p_t, q_{t-1}, q_t I)\left(\frac{\lambda_t(I)}{\lambda_{t-1}(I)}\right)^{1/(\sigma-1)} \quad (2.5)$$

权重 $w_i(I)$ 由(2.4)式中的支出份额 $s_{it}(I) \equiv p_{it}q_{it}/\sum_{i \in I} p_{it}q_{it}$ 组合而成,而 $\lambda_t(I)$ 和 $\lambda_{t-1}(I)$ 由下式构成:

$$\lambda_\tau(I) = \left[\frac{\sum_{i \in I} p_{i\tau}q_{i\tau}}{\sum_{i \in I_\tau} p_{i\tau}q_{i\tau}}\right] = 1 - \left[\frac{\sum_{i \in I_\tau, i \notin I} p_{i\tau}q_{i\tau}}{\sum_{i \in I_\tau} p_{i\tau}q_{i\tau}}\right], \tau = t-1, t$$

$$(2.6)$$

每项 $\lambda_\tau(I) < 1$,它可以解释为时期 τ 在共同商品集上的支出相对于时期 τ 的总支出。或者,它也可以被解释为 1 减去时期 τ 在新商品(不在集合 I 中的商品)相对于时期 τ 的总支出上的支出比率。当时期 t 有更多的新产品时,这会使得 $\lambda_t(I)$ 下降,并导致(2.5)式中单位成本比率以更大的幅度下降,其下降幅度取决于替代弹性。

替代弹性的重要性可以从图 2.2 中看出来,消费者最小化必要的支出来得到无差异曲线 AD 的效用。如果开始只有产品 1 是可得到的,消费者将选择预算线 AB 上的 A 点。当产品 2 也可得到时,消费者选择 C 点可以达到相当水平的效用。因此生活成本的下降可以由预算线的内移来衡量,如从预算线 AB 内移到预算线且经过点 C,这种转移取决于无差异曲线的凸性,或者说替代弹性。

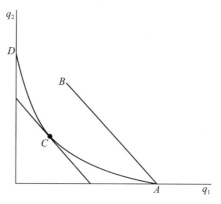

图 2.2　CES 无差异曲线

垄断竞争模型

为了阐明上述结果的可运用性,我们引用克鲁格曼(Krugman,1980)的垄断竞争模型。我们假设(2.1)式中的效用函数适用于购买不同来源国家 i 的产品,其中 $i \in I_t$。也就是说,我们感兴趣的替代弹性是进口来源国之间的阿明顿弹性(Armington,1969)。来源国提供差异化产品并带来产品多样性,因此(2.5)中得出的贸易收益就是进口产品多样化的利得。在这种情形下,我们可以比较(2.5)式计算出的贸易收益与克鲁格曼(Krugman,1980)模型中得到的贸易收益,正如阿科莱斯基等人(Arkolakis et al.,2008a)分析的那样。

特别地,假设有许多国家,每个国家的代表消费者均有一个固定替代弹性效用函数,并且替代弹性 $\sigma > 1$。劳动力是生产中唯一的要素投入并且只存在单一的垄断竞争部门,没有其他的产品。[①]

---

① 特别地,我们排除了存在第二个部门的可能性,引入第二个部门到这个模型中可以得到"本国市场"效应,详见 Krugman(1980,sec.3)。

企业生产各种产品都面临固定的成本 f,把产品卖到国外存在冰山运输成本(iceberg transport cost),出口没有其他的固定成本。这样我们知道,由于利润最大化以及自由进入的零利润条件,每个企业的产出将会固定在一个水平:[①]

$$q = (\sigma - 1) f \varphi \qquad (2.7)$$

其中,φ 代表企业生产力,即单位劳动的单位产出数量。人口总量为 L,则充分就业条件为:

$$L = N\left[\frac{q}{\varphi} + f\right] = N\sigma f \qquad (2.8)$$

它决定了均衡时生产的产品多样化的数量,其中 $N = L/\sigma f$。这个条件在封闭型或开放贸易型经济下均成立,因此对外贸易不会对国内产品多样性产生影响。

开放贸易带来的收益可以用自由贸易下和封闭经济下的实际工资比率来衡量。劳动力是生产中唯一的要素,我们可以将工资标准化为"1",这样,实际工资的上升可以由生活成本的下降来衡量,也就是(2.5)式的倒数。共同商品集包括在封闭经济下和在贸易下都可得到的国内产品种类。萨托-瓦迪亚(Sato-Vartia)指数 P_{sv} 正好是国内产品价格的变动,在常数定价权条件下其变动等于国内工资(已被标准化为1)的改变。由(2.5)式可知,贸易利得就等于 $(\lambda_t / \lambda_{t-1})^{-1/(\sigma-1)}$。该比率的分母显示出国内产品多样化消失了,即在 $t-1$ 期存而在 t 期消失的产品种类。如上述所示,在该模型中如果没有消失的国内产品多样化种类,那么 $\lambda_{t-1} = 1$。分子 λ_t 度量了在国内产品多样化上的支出相对

---

① 见 Arkolakis 等人(2008a,p.3)。

于贸易总支出的大小,或者说 1－进口份额。贸易利得因此可写成(1－进口份额)$^{-1/(\sigma-1)}$,这也是阿科莱基斯等人(Arkolakis et al.,2008a)得出的精确的公式。为了有效利用这个公式,我们必须对每种产品的替代弹性进行可靠的估计,接下来将讨论这个问题。

衡量替代弹性

回顾我们在第 1 章中的讨论,在模拟美加自由贸易协议时,哈里斯(Harris,1984a,b)不愿意为替代弹性寻找一个特殊的值:因为那个时候已有的估计值太低,这将夸大贸易收益。我认为这些估计值过低的原因是标准的联立方程偏差:需求弹性不能从一个没有工具变量(工具变量与误差项是不相关的)的供需系统中得出。但是在国际贸易中,我们感兴趣的是估计产品供给国每种产品的替代弹性;也就是说,我们要衡量产品来源国间的阿明顿弹性(Armington,1969)。尽管有可能找到工具变量,该工具变量可用于每一个市场和每一个国家,然而要找到该工具变量很难。芬斯特拉(Feenstra,1994)提出了一种解决问题的方法,他提出利用国际贸易中面板数据集的性质,即利用多个来源国进口的时间序列观测值。为了引出这个方法,我们首先讨论利默(Leamer,1981)提出的一个有趣的识别问题。

识别问题

利默(Leamer,1981)是以下列方式识别问题(identification problem)的。假设我们已经找到了特定产品跨时期价格和数量的相关数据,但除此之外我们不知道其他任何需求和供给的信息。仅仅使用价格和数量的数据,并且假设误差项在供给和需求曲线上呈正态分布,我们仍然不知道供给和需求弹性的最大似然估计值是多少。利默指出最大似然估计值并不是唯一的,这些估计值可以是双曲线上的任何一个点,如图 2.3 所示,估计值位于需求弹性 σ 和供给弹性 ω 之间。估计值不唯一的事实表明没有足够多的信息让我们能识别出供给和需求弹性。

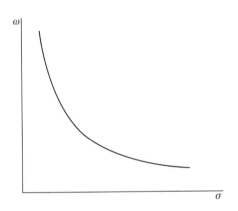

图 2.3 最大似然估计值

在利默的文章中有这么精彩的一段,它描述了里昂惕夫(Leontief,1929)和弗里希(Frisch,1933)关于识别问题的历史性辩论。由于需求弹性和供给弹性的最大似然估计值并不是唯一的,里昂惕夫建议将样本分成两部分,其中的一部分用于估计在某一条的双曲线上的供给曲线和需求曲线弹性,另外一部分用于估计在另一条双曲线上的供给曲线和需求曲线弹性,这样就可以解决识别问题(因为两条双曲线的交点可以给出唯一的供给、需求弹性)。

利默(Leamer,1981,p.321)指出:"该方法事实上降低了里昂惕夫对弗里希(Frisch ,1933)的书的不满(该书致力于证伪该方法)。"

该方法没有起到作用的原因在于仅仅将样本分成两部分,我们没有理由预期从这两条曲线上得到的值会不同。如果样本的第一部分与第二部分是在同一个统计总体中得出的,那么在这两种情况下,供给和需求弹性的最大似然估计值就会在同一条双曲线上。如果这两条曲线正好相同,那么它们的交点将会是同一条曲线,识别问题还是无法解决。

但是如果我们对数据再加上某一特性的话,里昂惕夫的方法有可能是正确的。与其假设我们拥有在跨时差异化产品中只有单一种类产品的价格和数量,不如假设我们拥有不同时间出口到多个国家的产品的价格和数量。因此,除了数据的时间维度,我们还有国家维度,从而可以组合成面板数据。我们进一步假设来自各国的产品其替代弹性在不同时间里是固定不变的。换句话说,一个国家提供的产品种类和任何其他国家提供的产品种类不同,比如某个德国产品与法国产品的异同就如同它与美国产品的异同一样。这种跨时间和国家的固定替代弹性的假设是一种简化,当然,它使得我们在识别问题上能取得很大的进展。

现在,我们可以用德国出口产品的价格和数量来得到供给和需求弹性的最大似然估计值的曲线,并且用法国相关的价格和数量的数据来得到第二条曲线、美国的数据得到第三条曲线,等等,如图 2.4 所示。需求替代弹性 σ 在国家间是相同的,我们假设供给的替代弹性 ω 在国家间也是相同的。离这三条曲线的交点很近的点,如图中的 A 点,给出了我们对供给和需求弹性的估计。此外,相比里昂惕夫的提议,我们有很多的理由认为这些双曲线对于不同的国家而言都是不一样的。每个国家所代表的曲线取决于供给和需求冲击的方差和协方差,而这些方差和协方差又取决于汇率的方差和其他宏观经济变量的方差。假设面板数据中的国家包括不同的冲击方差和协方差,那么即使我们没有用到传统的工具变量的方法,这种方法也应可以得到可靠的供给和需求弹性。

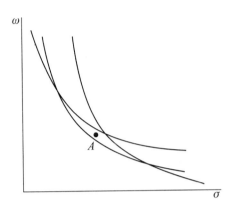

图 2.4　面板数据的最大似然估计

国家间面板数据的估计

现在我们来正式地描述上述过程。对(2.2)式中的支出函数做差分,可以得到每个产品种类 i 的支出份额是:

$$s_{it} = b_{it} \left[\frac{p_{it}}{c(p_t, I_t)} \right]^{1-\sigma} \tag{2.9}$$

取自然对数并取时间差分,我们可以得到需求方程:

$$\Delta \ln s_{it} = \phi_t - (\sigma - 1) \Delta \ln p_{it} + \varepsilon_{it} \tag{2.10}$$

$\phi_t \equiv (\sigma - 1) \Delta \ln c p_{it}$ 是固定效应, $\varepsilon_{it} \equiv \Delta \ln b_{it}$ 是一个反映偏好冲击的误差项。对于该需求曲线,我们增加一条供给曲线,并假设供给曲线如下:

$$\Delta \ln p_{it} = \beta \Delta \ln q_{it} + \xi_{it} \qquad (2.11)$$

其中，ξ_{it} 是供给中的随机误差。

在供给曲线(2.11)式中出现的是供给数量而在需求曲线中出现的是支出份额，这给我们的估计带来不便。为了解决这两个公式在衡量供给和需求数量上的不一致问题，我们把(2.10)式和(2.11)式结合起来以消除供给曲线中的供给数量变量，得到：

$$\Delta \ln p_{it} = \psi_{it} + \frac{\rho \varepsilon_{it}}{\sigma - 1} + \delta_{it} \qquad (2.12)$$

出现在该约简型(reduced form)供给曲线中的参数有：

$$\psi_{it} = \frac{\beta(\phi_t + \Delta \ln E_t)}{1 + \beta \sigma} \ \text{和} \ \rho = \frac{\beta(\sigma - 1)}{1 + \beta \sigma}, 0 < \rho < 1 \qquad (2.13)$$

其中，$E_t = \sum_{i \in I_t} p_{it} q_{it}$ 是总支出，误差项为：

$$\delta_{it} = \frac{\xi_{it}}{1 + \beta \sigma} \qquad (2.14)$$

注意，需求方程(2.10)的误差项 $\varepsilon_{it} \equiv \Delta \ln b_{it}$ 与(2.12)式中的价格相关。这表明了联立方程的问题，需求曲线向外移动(误差 $\varepsilon_{it} \equiv \Delta \ln b_{it}$ 增加)会导致供给曲线上价格的上升。这个事实表明最小二乘法不能用来估计需求方程(2.10)。最典型的操作就是找到一些工具变量来做变量代替，并且这些工具变量与支出份额和价格相关但与这些方程中的误差项无关。但是正如我们已经提到过的，对于每个国际市场很难找到这样的变量。现在我将通过利用面板数据集的性质来展示在没有传统工具变量下如何避免联立方程的偏误。

我们所做的关键假设如下：

假设 2.1 对于所有的 $i=1, \cdots, N$ 以及 $j=1, \cdots, N$ 误差项 ε_{it} 和 δ_{it} 都是独立的,且为零均值,方差分别为 $\sigma_{\varepsilon i}$ 和 $\sigma_{\delta i}$。

该假设意味着对于样本中所有的国家而言(即 $i, j=1, \cdots, N$),需求和供给方程中的误差项是不相关的。运用这个假设,我们对每个样本国的需求方程和供给方程与某个国家 k(最为基准国)的需求方程和供给方程求差分,如:

$$\tilde{\varepsilon}_{it} = \varepsilon_{it} - \varepsilon_{kt} = (\Delta \ln s_{it} - \Delta \ln s_{kt}) + (\sigma - 1)(\Delta \ln p_{it} - \Delta \ln p_{kt})$$

$$\tilde{\delta}_{it} = \delta_{it} - \delta_{kt} = (\Delta \ln p_{it} - \Delta \ln p_{kt}) - \frac{\rho \tilde{\varepsilon}_{it}}{\sigma - 1}$$

$$= (1-\rho)(\Delta \ln p_{it} - \Delta \ln p_{kt}) - \left(\frac{\rho}{\sigma - 1}\right)(\Delta \ln s_{it} - \Delta \ln s_{kt})$$

将上两个方程相乘并除以 $(1-\rho)(\sigma-1)$,得到:

$$\Upsilon_{it} = \theta_1 X_{1it} + \theta_2 X_{2it} + u_{it} \tag{2.15}$$

其中:

$$\Upsilon_{it} = (\Delta \ln p_{it} - \Delta \ln p_{kt})^2 \tag{2.16}$$

$$X_{1it} = (\Delta \ln s_{it} - \Delta \ln s_{kt})^2 \tag{2.17}$$

$$X_{2it} = (\Delta \ln p_{it} - \Delta \ln p_{kt})(\Delta \ln s_{it} - \Delta \ln s_{kt}) \tag{2.18}$$

$$\theta_1 = \frac{\rho}{(\sigma-1)^2(1-\rho)}, \theta_2 = \frac{2\rho - 1}{(\sigma-1)(1-\rho)} \tag{2.19}$$

$$u_{it} = \frac{\tilde{\varepsilon}_{it} \tilde{\delta}_{it}}{(\sigma-1)(1-\rho)} \tag{2.20}$$

最后,我们对(2.15)式至(2.18)式的变量按时间取平均值,得到以下方程,该方程是通过跨国回归估计出的:

$$\tilde{\Upsilon}_i = \theta_1 \overline{X}_{1i} + \theta_2 \overline{X}_{2i} + \bar{u}_i \tag{2.21}$$

注意,在(2.21)式中出现的变量是二阶矩数据,本质上是价格和份额对数差分的方差和协方差。另外,当 $T \to \infty$,(2.21)式中的误差项在概率极限中就消失了,因为这个误差项是供给和需求曲线的交互矩的误差,根据假设 2.1,该误差是互不相关的。因此,正如本章附录 2.1 中所示,如果(2.21)式右边的两个变量不是完全共线性的,那么这个方法给出了关于 θ_1 和 θ_2 的一致估计。该非共线性条件可以表述为,如果存在国家 i 和国家 j 并且满足以下条件:

$$\frac{\sigma_{\varepsilon i}^2 + \sigma_{\varepsilon k}^2}{\sigma_{\varepsilon j}^2 + \sigma_{\varepsilon k}^2} \neq \frac{\sigma_{\delta i}^2 + \sigma_{\delta k}^2}{\sigma_{\delta j}^2 + \sigma_{\delta k}^2} \qquad (2.22)$$

条件式(2.22)简单表明了存在某些国家 i 和国家 j,它们的需求曲线和供给曲线的误差相对方差是不同的。换句话说,国家间的需求和供给曲线的误差项中存在异方差性。这是一个很合理的假设,因为供给曲线的误差项取决于工资、生产力和汇率等国家特有的冲击,需求曲线的误差项则取决于每个国家所供应的商品数量的变化。在附录 2.1 中也隐含地运用了工具变量来估计(2.15)式,这就是国家间的固定效应。这种方法在广义矩阵法(GMM)的应用中被描述到,因为它利用了这样一个条件,即(2.15)式或(2.22)式中的残差的一阶矩的期望值为零。

然而条件式(2.22)已经足够保证对(2.21)式使用普通最小二乘法(OLS)估计值是一致的,有效的估计值则要求使用加权最小二乘法(WLS)。为了达到上述目标,对(2.21)式用 OLS 做一个初步的估计,于是回归中得到的残差的标准偏差的倒数用来对回归进行重新的权重分配,使用加权最小二乘法(WLS)来得到有效的估计值。在本章附录 2.2 中包含了达到这一目标的 STATA 程序代码。给出有效的估计值 $\hat{\theta}_1$ 和 $\hat{\theta}_2$,从(2.19)式得到的二次方程可以用来得出 $\hat{\sigma}$ 和 $\hat{\rho}$。下一个定理主要讲的是解决办法。

定理 2.3(Feenstra,1994) 由于 $\hat{\theta}_1 > 0$,σ 和 ρ 的估计值如下所示:

a. 假如 $\hat{\theta}_2 > 0$,则 $\hat{\rho} = \dfrac{1}{2} + \left[\dfrac{1}{4} - \dfrac{1}{4 + (\hat{\theta}_2^2/\hat{\theta}_1)}\right]^{1/2}$;

b. 假如 $\hat{\theta}_2 < 0$,则 $\hat{\rho} = \dfrac{1}{2} - \left[\dfrac{1}{4} - \dfrac{1}{4 + (\hat{\theta}_2^2/\hat{\theta}_1)}\right]^{1/2}$;

且在任何一种情况下有:$\hat{\sigma} = 1 + \left(\dfrac{2\hat{\rho}-1}{1-\hat{\rho}}\right)\dfrac{1}{\hat{\theta}_2} > 1$。

当 $\hat{\theta}_2 \to 0$,则 $\hat{\rho} \to \dfrac{1}{2}$,$\hat{\sigma} \to 1 + \hat{\theta}_1^{-1/2}$。

当 $\hat{\theta}_1 < 0$ 时,定理 2.3 中的公式就不能保证 σ 和 ρ 的估计值会在 $\hat{\sigma} > 1$ 和 $0 \leq \hat{\rho} < 1$ 这个范围。例如,如果 $\hat{\theta}_1$ 只是略小于零的话($-\hat{\theta}_2^2/4 < \hat{\theta}_1 < 0$),这时 $\hat{\rho} \notin [0,1]$,并且 $(\hat{\sigma}-1)$ 和 $-\hat{\theta}_2$ 有相同的符号。在这种情况下,$\hat{\sigma}$ 的值超过 1 是可能的。然而,如果 $\hat{\theta}_1$ 太小($\hat{\theta}_1 < \hat{\theta}_2^2/4$),会得到虚数。一般而言,要想运用定理 2.2 就要确保 $\hat{\sigma}$ 大于 1。

在实际运用中,由这种方法得出的替代弹性确实是很合理的。芬斯特拉(Feenstra,1994)研究了这样一些产品,如男式皮革运动鞋、全棉针织 T 恤,或者说不同类型的钢铁,得到的弹性的估计值都是在 3 和 8 之间。这些估计值比以前得到的高很多,并且更加接近贸易经济学家的预期。他甚至还增加了对黄金和白银市场作为附加的测试案例,得到的替代弹性估计值分别为 25 和 40。这些高的估计值本质上来讲是无限的,表明黄金和白银的供给国间存在完全替代。总之,芬斯特拉(Feenstra,1994)年研究的这六种产品,使用这种新的方法对于估计替代弹性发挥了很好的作用。另外,将样本值分散的方法来加以识别在其他书本中也用到了,如里戈邦(Rigobon,2003)的现代金融。他把这种方法称为"在异方差性中来识别"。正如芬斯特拉(Feenstra,1994)一样,在里昂惕夫提出该方法的 75 年后,里戈邦就重新发现了该方法并对该方法进行了论证。

美国从进口多样化中获得的好处

布洛达和韦恩斯坦(Broda and Weinstein,2006)运用上述的方法计算了美国在进口多样化中获得的贸易收益。他们对一个物品进行分类,一是以 10 位数的国际通用税则系统(HS)编码分类,时间跨度从 1990 年至 2001 年;二是以 7 位数的 TSUSA(美国关税税则)分类,时间跨度从 1972 年至 1988 年。① 从不同来源国进口的产品种类也就是每种产品的种类。每种产品都有个比率(λ_t/λ_{t-1}),它由 t 时期从新进入的进口国占当期对该产品总支出的比率和退出的进口国在 $t-1$ 时期占当期的支出比率计算得来的。此外,他们对每个产品都估计了 σ。当运用定理 2.3 所估计的 σ 小于 1 时,他们拓展了估计方法,运用网格搜索(grid search)的方法搜寻大于 1 的最优 σ。对于按 TSUSA 分类的产品,他们估计出了大约 12 000 个 σ,这些 σ 的中位数为 3.6。对于按 HS 分类的产品,估计出了大约 14 500 个 σ,它们中位数是 2.9。在两种情况下,替代弹性估计值的分布显著偏于左侧(因此平均值比中位数要大很多)。

将每个产品的替代弹性和比率(λ_t/λ_{t-1})结合在一起,即 $(\lambda_t/\lambda_{t-1})^{-1/(\sigma-1)}$,然后再对所有产品加总。对于 TSUSA 数据,他们把 1972 年作为基年,并计算出了美国从 1972 年到 1988 年间因新出现的供给国所获得的贸易收益。对于 HS 数据,他们把 1990 年作为基年,并计算出了从 1990 年到 2001 年间此方面的贸易收益。

---

① 西德和东德在 1989 年合并,因此 1989 年的数据就遗漏掉了,使得以后年份中的数据的比较很困难。

将这两个时期的收益加总,他们得出了美国由于进口产品种类的增加而获得的贸易收益,收益的估计值大约是美国 2001 年 GDP 的 2.6%。

布洛达和韦恩斯坦的方法中有两个特性在这里特别值得提及。第一,在衡量新进入的供给国相对于基年的支出时,他们应用了定理 2.2 中的假定条件,即共同商品集中的国家必须是那些具有固定偏好参数的国家。相比较而言,当国家首次开始出口产品时,我们可以合理地预期,随着消费者对其产品逐渐了解,进口国对该产品的需求曲线将会向外移动(即需求增加)。布洛达和韦恩斯坦对于在基年后新进入和退出的进口国家允许出现这样的移动,并且这些国家所有需求上的变化因素都并入到了定理 2.2 中的 λ_τ 这一项中。这是衡量新进口产品多样化获得收益的正确的途径。[①]

第二,布洛达和韦恩斯坦并没有把美国国内产品种类的改变加入到估计值中,在估计每个产品的替代弹性时,也没有把美国作为一个供给国。这种方法是正确的,当且仅当美国产品的种类不变时。在克鲁格曼(Krugman,1980)的模型假设中这是正确的,当然在更一般化的模型中就不成立了:我们可以认为进口种类的增加会引起国内产品种类的减少。在这种情况下,进口产品多样化带来的收益会与因减少的国内产品种类而导致福利的下降而相互抵消。布洛达和韦恩斯坦(Broda and Weinstein,2006)仅简单地讲述了潜在的损失,有关细节将在下一章讨论。

进口产品多样化的全球收益

通过把更多国家的横截面数据应用到公式 $(1-$ 进口份额$)^{-1/(\sigma-1)}$ 中,我们可以计算贸易带来的全球范围内的收益并以此来总结本章。

---

① 另外,那些被认为即使在同一个 HS 编码中但出售不断变化的产品种类的国家要从集合 I 中排除,并把该因素加入到 λ_τ 项中。

要达到这个目标,我们运用 PWT(Penn World Table)数据,它提供了许多国家真实的 GDP 数值。我们用 PWT6.1 的数据,把 1996 年作为基准年,关注基年的相关计算。

如芬斯特拉等人(Feenstra et al. ,2009)所说的,我们从 PWT 中挑选出 151 个国家来入手,其中有 5 个国家和地区(包括中国香港和新加坡)进口量和出口量都超过了自身的 GDP,这在垄断竞争模型中是不可能出现的,因为它并没有把中间投入品作为进口产品。我们并没打算把中间投入品并入到该模型中,尽管这将是一个很有用的尝试。相反,为了简单起见,我们暂不考虑这 5 个国家。剩下的 146 个样本国中,我们计算出进口份额作为相对名义 GDP 的名义进口量。为了运用国际贸易收益的公式,我们需要知道替代弹性的数值,我们将借鉴布洛达和韦恩斯坦(Broda and Weinstein,2006)的替代弹性估计值。

请注意,我们并没有把从贸易公式中得到的收益运用到所有经济部门。虽然这样做结果可能会更精确,但是这样做就必须考虑引入的进口产品是中间投入品还是最终产品的问题。所以我们仅仅做了加总的计算,为了达到这个目的,我们必须对替代弹性取一个单一的值。前面提到的布洛达和韦恩斯坦得出的弹性分布严重倾斜,一些很大的估计值使得弹性的平均值比中位数大很多。比较理想的方式是对每个国家的替代弹性取其中位数来表示,采用中位数更能反映出贸易模式,即知道对某一给定国家而言哪种产品是(净)进口产品。为此,我们把每个国家的 HS 弹性估计值——由布洛达和韦恩斯坦得出——和四位的标准国际贸易分类(Standard International Trade Classification,SITC)的进口数据结合起来。对于每个四位 SITC 产品有多种 HS 编码和替代弹性,所以我们在每个产品组中选择平均弹性,用 σ_i 表示。有一些四位 SITC 产品并没有进口国,这种情形下就没有替代弹性。因此,对每个国家实际进口产品的四位 SITC 行业(即有替代弹性的行业),我们取替代弹性 σ_i 的平均值。结果是,在所有样本国家中,其平均估计值都紧密地分布在 2.9(这也是 HS 数据的全部平均值)周围,范围介于 2.82 和 3.08 之间。因此,在计算贸易收益时,我们取 $\sigma=2.9$ 作为基准值。

另一种方法是,我们可以从每个产品组的平均弹性值 σ_i 开始,然后考虑对每个国家的 SITC 产品取 $1/(\sigma_i-1)$ 的平均值。这样我们得出了 $\overline{1/(\sigma_i-1)}$,由此,我们可以得到隐含的弹性平均值 $\bar{\sigma}=[\overline{1/(\sigma_i-1)}]^{-1}+1$。在我们的样本中所有国家该平均值都处于 2.47 和 2.65 之间,因此我们取 2.5 作为弹性的第二个值。第三个可用的值是 3.6(1989 年前的弹性的平均值),由布洛达和韦恩斯坦(Broda and Weinstein,2006)运用 TSUSA 数据而非 HS 数据得出的。

接下来我们计算克鲁格曼(Krugman,1980)的垄断竞争模型中的贸易收益:

$$进口多样性带来的收益=\left[\frac{(1-进口份额)^{-1/(\sigma-1)}-1}{(1-进口份额)^{-1/(\sigma-1)}}\right]$$

其中,σ 分别取值为 2.5、2.9 和 3.6。该公式表达了进口多样性带来的贸易收益占自由贸易下实际工资的百分比。这样就很方便与以下所做的计算做比较。

在表 2.1 中,我们在样本中选择了 20 个国家并记录其贸易收益,一项是针对一系列人均 GDP 的收益,另一项是所有 146 个国家总的贸易收益。[①] 表 2.1 中包括了从进口中贸易收益最大的国家:塔吉克斯

---

① 表 2.1 中的人均实际 GDP 与根据 PWT6.1 中 1996 年的数据结果类似,除了我们使用的标准与 PWT 不同之外,如 Feenstra 等人(2009)的研究一样,我们使样本国实际 GDP 总和等于使用名义汇率转换而得出的以美元计价的名义 GDP 总和。注意,国家按人均实际 GDP 排名并不取决于我们所使用的标准化方式。

坦、赤道几内亚、马来西亚、马耳他和爱尔兰。这些国家在样本中有最高的进口份额,相应地它们在贸易中获得的收益就更多。美国位于最小的进口份额和收益百分比之列,但是有些人均收入低的国家也只有小的进口份额和贸易收益。例如,中国在1996年进口份额相对较低,相应的贸易收益也很有限。在基准案例中,样本中所有的146个国家由克鲁格曼(Krugman,1980)模型得出的贸易收益达到了实际GDP的12.5%,当 σ 分别取不同的值时,贸易收益占实际GDP的比重在9.4%和15.4%间变动。

表 2.1　1986 年进口国贸易收益

	人均实际 GDP 收益(美元)	进口份额	总进口收益		
			替代弹性		
			$\sigma=2.5$	$\sigma=2.9$	$\sigma=3.6$
刚果(金)	245	23.2	16.2	13.0	9.7
塔吉克斯坦	775	80.1	65.9	57.2	46.3
尼泊尔	1 007	31.4	22.2	18.0	13.5
赤道几内亚	1 104	88.0	75.7	67.3	55.8
摩尔多瓦	1 737	62.3	47.8	40.2	31.3
中国	2 353	17.9	12.3	9.9	7.3
危地马拉	3 051	20.0	13.8	11.1	8.2
巴西	5 442	9.0	6.1	4.8	3.6
泰国	5 840	42.5	30.9	25.3	19.2
加蓬	7 084	47.6	35.0	28.8	22.0
马来西亚	7 448	90.2	78.8	70.6	59.1
沙特阿拉伯	9 412	36.0	25.8	21.0	15.8
马尔他	10 420	88.6	76.5	68.2	56.7
巴哈马群岛	13 081	34.2	24.3	19.8	14.9
以色列	13 138	39.7	28.6	23.4	17.7

	人均实际 GDP 收益(美元)	进口份额	总进口收益		
			替代弹性		
			$\sigma=2.5$	$\sigma=2.9$	$\sigma=3.6$
百慕大群岛	15 017	37.6	27.0	22.0	16.6
爱尔兰	15 150	74.6	59.9	51.4	41.0
德国	17 292	24.5	17.1	13.8	10.3
挪威	20 508	35.2	25.1	20.4	15.4
美国	23 648	12.3	8.4	6.7	4.9
146 个国家			15.4	12.5	9.4

注:实际人均 GDP 与 1996 年 PWT6.1 版中的一致。其中,进口份额等于名义进口额除以名义 GDP,从进口产品多样化中获得的贸易收益为 $[(1-进口份额)^{-1/(\sigma-1)}-1]/(1-进口$份额$)^{-1/(\sigma-1)}$,并且它们表示成自由贸易下实际人均 GDP 的百分比。

资料来源:作者的计算。

在图 2.5 中,我们对样本中所有的国家的贸易收益占实际 GDP 的比重都标示出,并且 σ 取值为 2.9。一些贸易收益较高的国家和贸易收益较低的国家(如美国)也都在图中标示出来。图中趋势线表明,由于进口多样化而产生的贸易收益与实际 GDP 之间呈负相关(统计上显著),这也表明了进口份额和 GDP 之间的负相关性:大国贸易收益占GDP 的比重更少。[①] 尽管这种负相关关系并没有那么令人吃惊,它可以作为一个参照,用来和我们在以后章节提到研究国家大小和其他度量贸易收益的方法相比较。

---

① 我们也检验了进口产品多样化带来的贸易收益和人均实际 GDP 间的关系(这简便起见,我们就不这里说明了)。在这种情况下,这两个变量之间没有任何的趋势关系。

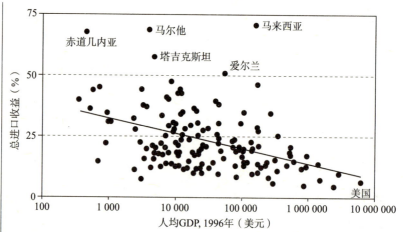

图 2.5 1996 年进口贸易收益和实际 GDP

附录 2.1

在估计替代弹性时,我们引入了一个工具变量,在本附录中,我们对该工具变量进行解释。令 $T_i \leqslant T$ 代表某个国家 $i=1,\cdots,N, i \neq k$,有一阶差分的进口产品价格和数量的时期数(如年数,我们假设国家 k 的相关一阶差分数据在所有时期都存在),将公式(2.15)中不同时间和国家的观察值汇总,总的观测值为 $L \equiv \sum_{i \neq k} T_i$,令 γ 表示由 γ_{it} 组成的 $L \times 1$ 的向量,X 为 $L \times 2$ 的矩阵,且行向量为 (X_{1it}, X_{2it}),u 表示由 u_{it} 组成的 $L \times 1$ 的向量。θ 包含了列向量 (θ_1, θ_2),等式(2.5)可重新写成如下形式:

$$\Upsilon = X\theta + u \tag{A2.1}$$

为了控制 u_{it} 和 X_{1it},u_{it} 和 X_{2it} 间的相关性,我们对每个国家 $i \neq k$ 采用虚拟变量,即工具变量进行估计。令 l_i 表示 $T_i \times 1$ 的列

向量,其中 $i=1,\cdots,N,i\neq k$。定义 Z 为 $L\times(N-1)$ 矩阵:

$$Z=\begin{bmatrix} l_1 & 0 & \cdots & 0 \\ 0 & l_2 & \cdots & 0 \\ 0 & 0 & \cdots & 0 \\ \cdot & \cdot & \cdots & \cdot \\ 0 & 0 & \cdots & l_N \end{bmatrix}$$

接下来考虑一般的工具变量估计值:

$$\hat{\theta}=[X'Z(Z'Z)^{-1}Z'X]^{-1}X'Z(Z'Z)Z'\Upsilon$$
$$=\theta+[X'Z(Z'Z)^{-1}Z'X]^{-1}X'Z(Z'Z)Z'u \quad (A2.2)$$

$T\to\infty$ 时,取公式(A2.2)的概率极限,同时把国家的数量 N 固定不变。发现概率极限 $\mathrm{plim}(Z'u/T)$ 是一个 $L\times(N-1)$ 矩阵,其中的元素为:

$$\mathrm{plim}\left[\sum_{t=1}^{T}\frac{\tilde{\delta}_{it}\tilde{\varepsilon}_{it}}{T(\sigma-1)(1-\rho)}\right]=\mathrm{plim}(\frac{T_i}{T})\left[\sum_{t=1}^{T_i}\frac{\tilde{\delta}_{it}\tilde{\varepsilon}_{it}}{T_i(\sigma-1)(1-\rho)}\right]$$

在最后一项,我们按习惯假设国家 i 在时间段 $t=1,\cdots,T_i$ 的数据都是可得到的。在假设 2.1 的条件下,因为假设 δ_{it} 和 ε_{it} 相互独立,所以最后一项等于零。

接下来,考虑公式(A2.2)的转置矩阵,由工具变量的定义,$\mathrm{plim}(Z'X/T)$ 是一个 $(N-1)\times 2$ 的矩阵,并且行向量为 $\mathrm{plim}\left[\sum_t X_{1it}/T,\sum_t X_{2it}/T\right]$,从(2.10)式、(2.17)式和(2.18)式中,我们可以计算出:

$$\sum_{t=1}^{T}\left(\frac{X_{1it}}{T}\right)=\frac{(1-\rho)}{\beta^2}\sum_{t=1}^{T}\left(\frac{\tilde{\varepsilon}_{it}^2}{T}\right)-\frac{2(1-\rho)}{\beta^2}\sum_{t=1}^{T}\left(\frac{\tilde{\varepsilon}_{it}\tilde{\delta}_{it}}{T}\right)+\frac{1}{\beta^2}\sum_{t=1}^{T}\left(\frac{\tilde{\delta}_{it}^2}{T}\right)$$

$$\sum_{t=1}^{T}\left(\frac{X_{2it}}{T}\right) = \frac{\rho(1-\rho)}{\beta}\sum_{t=1}^{T}\left(\frac{\tilde{\varepsilon}_{it}^{2}}{T}\right) + \frac{(1-2\rho)}{\beta}\sum_{t=1}^{T}\left(\frac{\tilde{\varepsilon}_{it}\tilde{\delta}_{it}}{T}\right) - \frac{1}{\beta}\sum_{t=1}^{T}\left(\frac{\tilde{\delta}_{it}^{2}}{T}\right)$$

在假设 2.1 的条件下,中间项的概率极限就会消失。因此以上等式的概率极限形式可写为以下形式:

$$\text{plim}\sum\nolimits_{t=1}^{T}\left(\frac{X_{1it}}{T}\right) = \text{plim}\left(\frac{T_i}{T}\right)\left[\frac{(1-\rho)^2}{\beta^2}(\sigma_{\varepsilon i}^2 + \sigma_{\varepsilon k}^2) + \frac{(\sigma_{\delta i}^2 + \sigma_{\delta k}^2)}{\beta^2}\right]$$

$$(A2.3a)$$

$$\text{plim}\sum\nolimits_{t=1}^{T}\left(\frac{X_{2it}}{T}\right) = \text{plim}\left(\frac{T_i}{T}\right)\left[\frac{\rho(1-\rho)}{\beta}(\sigma_{\varepsilon i}^2 + \sigma_{\varepsilon k}^2) - \frac{(\sigma_{\delta i}^2 + \sigma_{\delta k}^2)}{\beta}\right]$$

$$(A2.3b)$$

我们再一次用到这样一个事实,即国家 i 在时期 T_i 是可得到的。对于一个给定的国家 $i \neq k$(A2.3)中的两项可以构成 $\text{plim}(Z'u/T)$ 中的一个行向量,而对于另一个给定的国家 $j \neq k$(A2.3)中的两项可以构成 $\text{plim}(Z'u/T)$ 中的另一个行向量。我们假设存在国家 i 和国家 j 使得 $\text{plim}(T_i/T) \neq 0$ 且 $\text{plim}(T_j/T) \neq 0$,并且对于这样的两个国家,条件式(2.22)是成立的。这样矩阵 $\text{plim}[\sum_t X_{1it}/T, \sum_t X_{2it}/T]$ 的两行元素是独立的,这也确保了矩阵 $\text{plim}[(X'Z/T)(Z'Z/T)^{-1}(Z'X/T)]$ 是满秩的,它的秩等于 2,因此它是可逆的。从而可以得出 $\text{plim}\hat{\theta} = \theta$,因此 IV 估计值是一致的。

为了使该估计值与文中(2.21)式相关,我们令 $\bar{\gamma}_i \equiv \sum_t \gamma_{it}/T_i$,$\bar{X}_{1t} \equiv \sum_t X_{1it}/T, \bar{X}_{2t} \equiv \sum_t X_{2it}/T, \bar{\mu}_i \equiv \sum_t u_{it}/T_i$ 代表国家 i 在 (A2.1)式中变量的平均值,对(A2.1)式左乘 $Z(Z'Z)^{-1}Z$ 得到如下等式:

$$\bar{\gamma}_i = \theta_1\bar{X}_{1i} + \theta_2\bar{X}_{2i} + \bar{u}_i \qquad (A2.4)$$

对国家 i 该等式要重复 T_i 次。因此,工具变量估计值可以通过对观测值 $i=1,\cdots,N,i\neq k$ 在(A2.4)式中进行加权最小二乘法(WLS)等价地得到,其中 T_i 为权重。

(A2.2)式中的工具变量估计值是一致的,但它并不是最有效的。为了说明这一点,我们来看(A2.1)式中的误差项 u_{it},当(2.22)式成立时,国家间的方差 $Eu_{it}^2=(\sigma_{\varepsilon i}^2+\sigma_{\varepsilon k}^2)(\sigma_{\delta i}^2+\sigma_{\delta k}^2)/[(1-\rho)(\sigma-1)]^2$ 就会不同。为了修正这个问题,对国家 i 在(A2.1)式中的所有观测值配以权重 $\hat{s}_i^2\equiv\sum_t\hat{\mu}_{it}^2/T_i$ 的倒数,其中 $\hat{u}_{it}\equiv Y_{it}-\hat{\theta}_1 X_{1it}-\hat{\theta}_2 X_{2it}$ 是运用最初的 $\hat{\theta}$ 的估计值计算出的残差,令 $\hat{s}$ 表示$(L\times L)$的对角矩阵,对每个 $i=1,\cdots,N,i\neq k$。$\hat{s}_i^2$ 在对角线上重复出现 T_i 次,其中 $\hat{X}\equiv Z(Z'Z)^{-1}Z'X$,改变权重后的工具变量估计值为:

$$\theta^*=[\hat{X}'\hat{S}^{-1}\hat{X}]^{-1}\hat{X}'\hat{S}^{-1}\Upsilon$$
$$=\theta+[\hat{X}'\hat{S}^{-1}\hat{X}]^{-1}\hat{X}'\hat{X}^{-1}u \qquad (A2.5)$$

由于 $\hat{X}'\hat{S}^{-1}X=\hat{X}'\hat{S}^{-1}\hat{X}$,以上等式的第二行是成立的。怀特(White,1982)用非平衡面板数据(unbalanced panel)论证了 θ^* 的一致性,u_{it} 在时间 t 和横截面 i 上是独立的。在这种情况下 θ^* 是一个有效的估计值(给定工具集),并且其协方差矩阵在$[\hat{X}'\hat{S}^{-1}\hat{X}]^{-1}$ 估计下是一致的。

最后,由于使用的是单位价值 UV_{it} 而不是真实的进口价格,就会产生度量误差,如下所示:

$$\Delta\ln UV_{it}=\Delta\ln p_{it}+\mu_{it} \qquad (A2.6)$$

其中 p_{it} 是真实的但不可观测的价格,μ_{it} 是度量误差。假设 μ_{it} 是不变的,即在供给国家间有相同的方差,并且 μ_{it} 独立于 ε_{jt} 和 σ_{jt}。运用(A2.6)

式来替代 $\Delta\ln p_{it}$，(2.15)式可以重写为：

$$(\Delta\ln UV_{it} - \Delta\ln UV_{kt})^2 = 2\sigma_\mu^2 + \theta_1(\Delta\ln s_{it} - \Delta\ln s_{kt})^2$$
$$+ \theta_2(\Delta\ln UV_{it} - \Delta\ln UV_{kt})(\Delta\ln s_{it}$$
$$- \Delta\ln s_{kt}) + \nu_{it} \qquad (A2.7)$$

其中：

$$\nu_{it} = u_{it} + [(\mu_{it} - \mu_{kt})^2 - 2\sigma_\mu^2] + 2(\Delta\ln p_{it} - \Delta\ln p_{kt})(\mu_{it} - \mu_{kt})$$
$$- \theta_2(\Delta\ln s_{it} - \Delta\ln s_{kt})(\mu_{it} - \mu_{kt})$$

并且度量误差 μ_{it} 独立于 ε_{jt} 和 σ_{jt}，误差 ν_{it} 就会有零均值。因此，在 (2.22)式成立的条件下，工具变量 Z 与 ν_{it} 无关但与（A2.7）等式右边的变量相关。工具变量估计值是一致的，（A2.7）式中的一项 $2\sigma_\mu^2$ 被一个常数 θ_0 所替代。上述方法也可用来构建有效的估计值和标准差。

附录 2.2：用来估计替代弹性的 STATA 程序代码

索德伯瑞（Anson Soderbery）NBER 的工作论文（代码为 W1456)名为《用精确的产品种类集来衡量产品多样化带来的贸易收益》(*Measuring the Benefits of Product Variety with an Accurate Variety Set*)，该文的另一位作者是布洛尼克（Bruce Blonigen)。在这里很感谢帕特尔（Ankur Patel）帮助处理代码。这些代码运用了芬斯特拉（Feenstra，1994）用来估计进口替代弹性的方法，而这些弹性的估计值随后又能用来计算对某个特定产品的精确进口产品价格指数。只要对所有进口产品（HS10)

循环使用该代码，就可以非常容易的拓展到布洛达和韦恩斯坦（Broda and Weinstein, 2006）的应用程序。

```
*Contact: asoderbe@gmail.com;
*Date: May 2009;

set more off;
capture clear;
capture log close;
capture estimates clear;
set memory 500m;
set matsize 2500;
set linesize 200;
*log using FILENAME.log, replace;

/****************** DATA WORK
***********************/;

use "@@@@@@@@@@@@@.dta";
rename cvalue cusval; /* cusval  = p_it * q_it */;
rename cquan quantity; /* quantity = q_it */;

* NARROW TO THE GOOD OF INTEREST;
keep hs == ##########;

/***** LOG UNIT VALUES AND SHARES *****/;

*PRODUCTS ARE DISTINCT VARIETIES;
egen product = group(country hs);

*IN CASE THERE ARE MULTIPLE OBSERVATIONS OF A
VARIETY IN A GIVEN YEAR;
collapse (sum) quantity cusval, by(year product
country);

* WE LIMIT OUR SAMPLE TO OBSERVATIONS AFTER 1990;
local minyear = 1990;
```

```
drop if year<`minyear';
gen t = year - `minyear' + 1;
gen meanprice = cusval/quantity;

sort t;
by t: egen totsum = sum(cusval);
gen s  = cusval/totsum;
gen ls = ln(s);
gen lp = ln(meanprice);

/*** FIRST DIFFERENCING ***/;

sort product t;
by product: gen ls_dif = ls[_n]-ls[_n-1];
by product: gen lp_dif = lp[_n]-lp[_n-1];

sort product t;

/* CALCULATES "T" FOR EACH VARIETY, USED IN GRID
SEARCH */;
bysort product: gen period = _N;
save "auto_cusimport.dta," replace;
sum;

/* AUTOMATE CHOOSING REFERENCE VARIETY k (need to
download xfill) */;

sum period, detail;
local maxt = r(max);
sum cusval, detail;
local q_max = r(max);
local q_cutoff = r(p90);

gen ref =.;
replace ref = product if period>=`maxt' &
cusval>=`q_max';
xfill ref, i(product);
xfill ref, i(t);
local ref = ref;
```

```
replace ref = product if ref == . & period>=`maxt'
& usval>=`q_cutoff';
xfill ref, i(product);
xfill ref, i(t);
local ref = ref;

replace ref = product if ref == . & period>=`maxt'
;
xfill ref, i(product);
xfill ref, i(t);
local ref = ref;

gsort -ref;

* IN FEENSTRA 1994, REF IS ALWAYS "JAPAN";

local ref = ref;

*** REFERENCE COUNTRY ***;

keep if product==`ref';

summ;

rename ls_dif h_ls_dif;
rename lp_dif h_lp_dif;
keep t h_ls_dif h_lp_dif;

sort t;
save "auto_cref.dta," replace;
use "auto_cusimport.dta," clear;
sort t;
save, replace;
merge t using "auto_cref.dta";
tab _merge;
drop _merge;

/****************** IV REGRESSION
*****************/;
```

```
gen y  = (lp_dif-h_lp_dif)^2;
gen x1 = (ls_dif-h_ls_dif)^2;
gen x2 = (lp_dif-h_lp_dif)*(ls_dif-h_ls_dif);
drop if y == . | x1 == . | x2 == . ;

**** IV 1 ****;

/* GENERATE DUMMIES. THEORY IMPLIES THE CODE
SHOULD BE "tab product if product != `ref',
gen(c_I_)"
BUT RECREATING ORIGINAL ESTIMATES IN FEENSTRA
(1994) REQUIRES THE FOLLOWING, WHICH KEEPS AN
INDICATOR VARIABLE FOR THE REFERENCE COUNTRY */;
qui tab product, gen(c_I_);
foreach var of varlist x1 x2 {;
  regress `var' c_I_*, noc;
  gen `var'_F = e(F);
  predict `var'hat;
  };
* CONSISTENT, BUT NOT EFFICIENT ESTIMATES;
reg y x1hat x2hat;

/**** OPTIMAL WEIGHTS ****/;

gen uhat = y - _b[_cons] - _b[x1hat]*x1 -
_b[x2hat]* x2;
gen uhat2=uhat^2;
drop if uhat2==.;

qui regress uhat2 c_I_*, noc;

predict uhat2hat;
gen shat=sqrt(uhat2hat);

/********* WEIGHT DATA AND REESTIMATE ******/;

gen ones=1;
foreach var of varlist y x1hat x2hat ones {;
  gen `var'star = `var'/shat;
  };
```

```
/* CONSISTENT AND EFFICIENT ESTIMATES */

reg ystar x1hatstar x2hatstar onesstar, nocons ;
gen theta1=_b[x1hatstar];
gen theta2=_b[x2hatstar];

* VAR-COV TO BE USED TO CALCULATE CI'S FOR SIGMA;
estat vce;

/*** CALCULATE SIGMA AND RHO ***/;

gen rho1 = .5 + sqrt(.25-1/(4+theta2^2/theta1)) if
theta2>0;
replace rho1 = .5 - sqrt(.25-1/(4+theta2^2/theta1))
if theta2<0;
gen sigma1 = 1 + (2*rho-1)/((1-rho)*theta2);
sum theta1 theta2 rho1 sigma1;

/****** BW 2006 GRID SEARCH IF NECESSARY ******/;

if  sigma1 < 1 | sigma1 == . {;
local sigma1_hat = .;
local rho1_hat = .;
*HERE WE ADD B-W GRID SEARCH FOR NEGATIVE VALUES
OF THETA HAT—WE WILL SPECIFY MANY OF RHOS AND
SIGMAS TO GENERATE THETAS AND USING THOSE WE
CREATE RESIDUALS FOR EACH OBSERVATION. THEN WE
SQUARE, DIVIDE BY T, THEN SUM OVER ALL. THIS WILL
CREATE A SUM FOR EVERY COMBINATION OF RHO AND
SIGMA. THE SMALLEST IS THE PAIR OF PARAMETERS WE
WANT. ;

* GRID SEARCH PARAMETERS ;
local SigmaMin = 1.05;
  local SigmaMax = 100.05;
  local SigmaJump = 1.0;
  local J1 = (`SigmaMax' - `SigmaMin')/`SigmaJump' + 2;
  local J2 = 32 ;
  sort product t;
```

```
*  MATRIX WHERE UHAT IS STORED;
   mat uHat = J(`J1',`J2',.);

   local row = 2;

   /* LOOPING OVER SIGMA */

   foreach s of numlist `SigmaMin'(`SigmaJump')`Sig
maMax' { ;                    mat uHat[`row',1] = `s';
      local col = 2;
      local RhoMax =      (`s'-1)/`s';
      local RhoJump = `RhoMax' / (`J2' - 2);

      /* LOOPING OVER RHO */
      foreach r of numlist 0(`RhoJump')`RhoMax' {;
         mat uHat[1,`col'] = `r';
         qui gen uTemp = y -
((`r') / (((((`s')-1)^2) * (1-(`r'))))) * x1hat -
((2*(`r') -1) / (((`s')-1) * (1-(`r'))))) *
x2hat ;
      qui egen mTemp = mean(uTep);
      qui replace uTemp = uTemp - mTemp;
      qui by product: egen sTemp = mean(uTemp);
      qui replace sTemp = sTemp*sTemp*(1/period);
      qui summ sTemp, d;
      mat uHat[`row',`col'] = r(sum);
      drop uTemp sTemp mTemp;
      local col = `col' + 1;
      };
   local row = `row' + 1;
   };
   * FIND THE MINIMUM U ;
  local MinU = uHat[2,2];
  local rho_hat = uHat[1,2];
  local sigma_hat = uHat[2,1];
  local row = 2;

  /* LOOPING OVER SIGMA */
  foreach s of numlist `SigmaMin'(`SigmaJump')`Sigm
aMax' { ;
  local col = 2;
```

```
      /* LOOPING OVER RHO */
      foreach r of numlist 0(`RhoJump')`RhoMax' {;
          if `MinU' > uHat[`row',`col'] {;
              local MinU = uHat[`row',`col'];
              local rho_grid_hat = uHat[1,`col'];
              local sigma_grid_hat = uHat[`row',1];
              };
        local col = `col' + 1;
        };
      local row = `row' + 1;
      };
foreach var in sigma rho {;
capture replace `var'1 = ``var'_grid_hat' ;
 local `var'1_hat = ``var'_grid_hat' ;
};
  };

sort t;
keep t sigma;
merge t using "auto_cusimport.dta";
sort product t;
tab _merge;
drop _merge;
save "auto_cusimport.dta," replace;

/***************** PRICE INDEX *************/;

/* EXPAND THE DATA TO INCLUDE ZERO IMPORTS (to
characterize entry and exit) */;

qui summ t;
local maxT = r(max);
keep product;

* FIRST WE NEED TO MAKE A UNIQUE LIST OF MAKES;
duplicates drop product, force;

* NOW EXPAND THE DATA TO MAKE A SKELETON FILE FOR
MERGING ;
expand `maxT';
sort product;
```

```
* NOW WE CAN MAKE THE NEW TIME PERIOD;
by product: gen t = _n;
sort product t;

* NOW MERGE TOGETHER THE FILES;
merge product t using  "auto_cusimport.dta";
tab _merge;
drop _merge;

* SO NOW WE CAN CHANGE THE NEW MISSING VALUES TO
ZERO ;
destring meanprice, replace;
replace quantity = 0 if quantity == .;
replace meanprice = 0 if meanprice == .;
sort product t;

/*********** GENERATE ENTRY AND EXIT OF VARIETIES
**************/;

sort product t;
capture by product: gen entry = quantity[_n-1]==0
& quantity[_n]>0;
capture by product: gen exit = quantity[_n]>0 &
quantity[_n+1]==0;
by product: gen exit_1 = exit[_n-1];
gen entry_exp=entry*cusval;
gen exit_exp=exit*cusval;
qui by product: gen exit_exp_1=exit_exp[_n-1];

save "auto_cusimports2.dta," replace;

sort t product;
collapse (sum) entry_exp exit_exp exit_exp_1,
by(t);
foreach r in entry_exp exit_exp exit_exp_1 {;
  rename `r' sum_`r';
};
sort t;
save "ee_exp_cusimports.dta," replace;
```

```
use "auto_cusimports2.dta," clear;
sort t;
save,replace;
merge t using "ee_exp_cusimports.dta";
tab _merge;
drop _merge;

/*** COST SHARES ***/;

sort t product;
by t: egen sumtot = sum(cusval);
sort product t;
by product: gen sumtot_1 = sumtot[_n-1];
by product: gen cusval_1 = cusval[_n-1];
gen sum_t  = sumtot-sum_entry_exp;
gen sum_t1 = sumtot_1-sum_exit_exp_1;

gen s_t  = cusval/sum_t if entry!=1;
gen s_t1 = cusval_1/sum_t1 if exit_1!=1;

gen ls_t  = ln(s_t);
gen ls_t1 = ln(s_t1);

gen w_n = (s_t-s_t1)/(ls_t-ls_t1);
sort t product;
by t: egen w_d = sum(w_n);

/*NOTE that the w will already be missing for any
non-overlap products, so we no longer need to
worry about this as we next construct the pratio—
it will automatically only calculate for overlap
products. */;
gen w = w_n/w_d;
sort product t;
qui by product: gen meanprice_1 = meanprice[_n-1];
gen pratio   = meanprice/meanprice_1;
gen pratio_w = (pratio)^w;

gen lpratio_w = ln(pratio_w);
sort t;
```

```
qui by t: egen slpratio_w = sum(lpratio_w);
gen Pindex = exp(slpratio_w);

gen lambda    = (sumtot-sum_entry_exp)/(sumtot);
gen lambda_1 = (sumtot_1-sum_exit_exp_1)/
(sumtot_1);

collapse (mean) entry_exp exit_exp entry exit
sumtot sumtot_1
lambda lambda_1 Pindex (max) sigma, by(t);
gen p_index_chg   = Pindex*(lambda/lambda_1)^(1/
(sigma1-1));
gen lratio        = lambda/lambda_1;
gen lratio_corr   = lratio^(1/(sigma1-1));
list, noobs clean;

/* CLEAN UP */;
rm auto_cusimport.dta;
rm auto_cusimports2.dta;
rm ee_exp_cusimports.dta;
rm auto_cref.dta;
```

第3章 生产者从出口多样化中获得的贸易收益

现在转向垄断竞争模型中贸易收益的第二个新来源——在贸易自由化下,企业进行自我选择,只有高效率的企业留存下来。这个预测并非来自20世纪80年代的初始模型,因为在初始模型中仅应用了很简单的假设,即所有的企业都是相同的,以同样的规模和相同的成本进行生产。市场上留存下来的企业的数量仍然只取决于关税水平,但去掉这些假设和保留这些假设在本质上没有任何区别。所以在20世纪80年代的初始模型中,留存下来的企业并不会与退出市场的企业在生产效率上存在差异。

这种严格假设的简单情形已经通过各种方法得到了更一般化的模型,如伊顿和科坦(Eaton and Kortum,2002),梅里茨(Melitz,2003)。为了在垄断竞争模型中加入异质性企业,梅里茨给出了一系列新的令人兴奋的结果。例如,某部门的开放贸易会抬高工资和其他要素的价格,这也导致了低效率的企业退出市场。效率高的企业有能力支付海外市场的固定成本并开始出口产品,而那些效率处于两者之间的企业则继续为本国市场生产产品。因此企业产品分布总体偏向于那些高效率的企业,因为它们为国内市场和出口而生产,而那些低效率的企业只能退出市场。结果是,行业的平均生产力由于贸易对外开放得到了提升。当关税下降,运输成本下降,或者说仅仅是出口市场规模的增加,都会导致出现以上结果:所有这些情形都会——通过计算国内销售总额和出口销售总额——提高行业平均生产力。

这些预测在运用企业层面的数据做实证研究时得到了强有力的支撑。伯纳德、伊顿、詹森和科特姆(Bernard,Eaton,Jensen and Kortum,2003)证实,在美国的任何行业中,只有一小部分企业会成为出口商。但是这一小部分企业的销售量占其行业总销售量的很大一部分。这也表明,这些出口企业比同行业的其他企业有更高的生产效率。这些发现被伊顿、科特姆和克莱码兹(Eaton, Kortum and Kramarz,2004,2008)用法国企业层面的数据进行研究时得到了进一步证实。

这些对美国和法国的研究关注的是单一年度或者多个年度间企业的差异,但其差异并非必然要考虑贸易自由化这一条件。最近特雷夫勒(Trefler,2004)对加拿大的研究则考虑了贸易自由化对企业生产效率差异的影响。特雷夫勒运用了企业层面的数据,研究的年度是美加自由贸易协议签订前后的两个 10 年,他关注于协议对企业的选择和企业生产力的影响。研究发现,随着关税大幅下降,行业的就业率也在下降,但这些失业仅仅是一个短期效应,10 年后,加拿大制造业的就业率并没有下降。随着低效率企业的关闭,高效率企业制造商将企业规模扩张至美国。先前受关税保护的行业受关税减免的影响最大,其平均劳动生产力上升了 15%,至少一半的生产率源自于行业内低效率工厂的关闭。这相当于这些行业的复合年劳动生产率的增速为 1.9%。因此,特雷夫勒找到了令人信服的证据,即美加自由贸易协定导致了加拿大企业的自我选择,生产率高的企业不断扩张。生产力的提高直接导致更高的工资或者更低的产品价格,对消费者而言是福利的增加。

CES 下的产出多样化

为了在理论上来论证梅里茨(Melitz,2003)关于贸易收益的模型,我们从一个不同寻常的角度来解释:我们不像上一章节那样关注消费者的利益所得,而是要问产出多样化是否会给生产者带来好处。这个问题可以通过给替代弹性取不同的值得以解决,正如上一章中那样。在这里,我们把效用函数(2.1)式和支出函数(2.2)式中的 σ 严格限制在 $\sigma>1$,但是对弹性更大范围的取值也可以考虑。特别地,如果 $\sigma<0$,我们从(2.1)式得到的不是一个固定效用水平 U_t 的凸的无差异曲线,而是一条凹的生产转换曲线,如图 3.1 所示。[①] 在这种情况下,参数 U_t 度量了用于生产产品 $q_{it}(i\in I_t)$ 的那些资源,并且转换曲线的弹性(用一个正数来衡量)是 $-\sigma$。

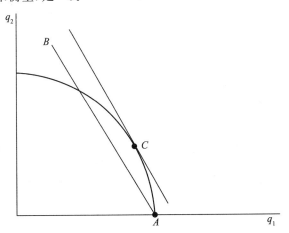

图 3.1　固定弹性轻换曲线

[①]　注意到 $0\leqslant\sigma\leqslant1$ 不在考虑范围之内,因为如果 $0\leqslant\sigma\leqslant1$,那么(2.1)式中所有的产品都是必需品,只要有一种产品数量为零就会导致效用为零。这种情况下,新产品带来的福利是无限的。

这了使这种重新定义的解释更加明确,当 $\sigma < 0$ 时,我们用 $\omega \equiv -\sigma$ 来表示这个正值,ω 也就是转换的弹性。我们用 L_t 代替效用 U_t,这时(2.1)式可写为

$$L_t = \left(\sum_{i \in I_t} a_{it} q_{it}^{(\omega+1)/\omega} \right)^{\omega/(\omega+1)}, a_{it} > 0, \omega > 0 \qquad (3.1)$$

使用一单位劳动力得到的最大收入,与(2.9)式对应,可以表示为:

$$\psi(p_t, I_t) = \left[\sum_{i \in I_t} b_{it} p_{it}^{\omega+1} \right]^{1/(\omega+1)}, b_{it} \equiv a_{it}^{-\omega}, \omega > 0 \qquad (3.2)$$

对于这样的重新定义的解释,定理 2.2 继续成立,当:

$$\frac{\psi(p_t, I_t)}{\psi(p_{t-1}, I_{t-1})} = P_{SV}(p_{t-1}, p_t, q_{t-1}, q_t, I) \left(\frac{\lambda_t(I)}{\lambda_{t-1}(I)} \right)^{-1/(\omega+1)}$$

$$(3.3)$$

其中 $(\lambda_t / \lambda_{t-1})$ 的指数现在为正。也就是说,"新产品"的出现会引起 $\lambda_t < 1$,这将会提高经济的生产者一方的收入。

为了理解收入的增加从何而来,我们来看看图 3.1 中的转换曲线。如果只有产品 1 是可得到的,那么整个经济就会在 A 点生产,其收入如线 AB 所示。如果产品 2 对生产者来说也是可生产的,新的均衡点将会在 C 点,这也就增加了收入。这阐述了产出多样化的好处。在图 3.2 中,我们用同样的思想在局部均衡图中来进行说明,其中供给曲线具有固定弹性 ω。当生产商可以生产某种产品时,就会产生一个有效的价格——从生产者的保留价格(在固定弹性供给曲线下为零)上升到实际价格。生产者剩余增加了 C 部分,相对于总销售 $C+D$ 部分,我们很容易得出 $C/(C+D) = 1/(\omega+1)$。

尽管这种对消费者模型的重新定义在数学上是有效的,但应用到国际贸易中就会产生一个问题:两个产品间的转换曲线通常是线性的而不是严格凹的。例如,李嘉图模型就是这样一个例子,或者克鲁格曼模型(Krugman,1980)的转换曲线(1.8)式。在那种情况下生产者由于产出多样化得到的收益会消失。因此在图3.1中转换曲线严格凹的情形是否能应用到实际生活中的问题就产生了。

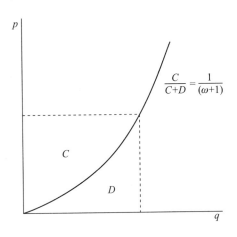

图 3.2   固定弹性供给曲线

接下来我们将论证严格凹的转换曲线确实是有现实意义的。事实上,它在对梅里茨(Melitz,2003)的垄断竞争模型一般化的过程中就出现了,该模型允许异质型企业的生产能力 φ 不相同。在零预期利润的均衡中,仅有高于临界生产力(cutoff productivity)φ^*(即正好使利润为 0 的生产力)留存下来,在留存下来的企业中,只有生产力达到 $\phi_x^* > \phi^*$ 才能出口产品。我们将论证这些内生决定的临界生产力会导致严格凹的固定弹性转换曲线,而该转换曲线是定义在国内以及出口产品种类上并经这些种类的产量调整的。另外,关于梅里茨(Melitz,2003)模型的解释能够精确地计算出由于出口产品多样性给生产者带来的贸易收益。

异质企业的垄断竞争

我们列出只有两个国家的梅里茨模型,并假设国家之间不存在对称性。我们先看本国 H,表示外国的变量用上标 F 表示。在本国均衡中有 M 个(且 M 很大)企业在运营。每个时期,这些企业中会有 δ 部分宣布破产并被新进入企业所替代。每个新进入的企业交付固定成本 f_e,并从一个累积分布函数 $G(\varphi)$ 中任意抽取一个生产力 φ,产生边际成本 w/φ,其中 w 为工资,并且劳动力是唯一的生产要素。只有那些生产力超过临界生产力 φ^* 的企业在生产时才有利可图(临界生产力水平将在下文给出)。我们令 M_e 表示众多的新进入者,这样只有 $[1-G(\varphi^*)]M_e$ 个企业能够成功生产产品。在静态均衡中,以下将替代这些即将破产的企业:

$$[1-G(\varphi^*)]M_e = \delta M \qquad (3.4)$$

加入成功进入的条件,国内企业生产力分布如下:

$$\mu(\varphi) = \begin{cases} \dfrac{g(\varphi)}{1-G(\varphi^*)}, & \varphi \geqslant \varphi^* \\ 0 & \text{其他情况} \end{cases} \qquad (3.5)$$

其中,$g(\varphi) = \partial G(\varphi)/\partial \varphi$ 是密度函数。

国内消费者和国外消费者具有 CES 偏好,且其偏好对产品多样性而言是对称的。给定本国消费 wL,本国企业以价格 $p(\varphi)$ 出售产品获得的收入是:

$$r(\varphi) = p(\varphi)q(\varphi) = \left[\frac{p(\varphi)}{P^H}\right]^{1-\sigma} wL, \sigma > 1 \qquad (3.6)$$

其中，$q(\varphi)$ 是售出的产品数量，P^H 是本国 CES 价格指数。本国市场上利润最大化的卖出价格就是通常的边际成本乘以一个常数的加价权：

$$p(\varphi) = \left(\frac{\sigma}{\sigma-1}\right)\frac{w}{\varphi} \qquad (3.7)$$

运用这个表达式，我们可以从国内销售额计算出各种利润，其中国内销售额为 $r(\varphi) - (w/\varphi)q(\varphi) = r(\varphi)/\sigma$。在本国市场得以生存的最低生产力的企业，其生产力满足零临界利润(zero-cutoff-profit，ZCP)：

$$\frac{r(\varphi^*)}{\sigma} = wf \Rightarrow q(\varphi^*) = (\sigma-1)f\varphi^* \qquad (3.8)$$

其中，f 是固定劳动成本。注意到临界企业的临界条件与克鲁格曼(Krugman，1980)模型中对所有企业所得到的临界条件是一样的，就是(2.7)式。

当企业的生产力 $\varphi \geqslant \varphi^*$ 时，为国内市场生产就会变得有利可图，只有那些具有更高生产率的企业达到 $\varphi \geqslant \varphi_x^* > \varphi^*$ 时出口产品才能获利。本国出口企业面临的冰山运输成本 $\tau \geqslant 1$，意味着为了保证一单位的产品到国外市场就必须发出 τ 单位的产品。令 $p_x(\varphi)$ 和 $q_x(\varphi)$ 表示收到的价格和在仓库发出的出口产品的数量，我们发现出口商获得的收入是：

$$r_x(\varphi) = p_x(\varphi)q_x(\varphi) = \left[\frac{p_x(\varphi)\tau}{P^F}\right]^{1-\sigma} w^* L^* \qquad (3.9)$$

其中，P^F 是国外的 CES 价格指数，$w^* L^*$ 是国外支出。

在垄断竞争条件下最优的出口价格是边际成本乘以一个常数的加价权：

$$p_x(\varphi) = \left(\frac{\sigma}{\sigma-1}\right)\frac{w}{\varphi} \qquad (3.10)$$

从出口额中获得的利润为 $r_x(\varphi)-(w/\varphi)q_x(\varphi)=r_x(\varphi)/\sigma$，因此，出口企业的 ZCP 条件是：

$$\frac{r_x(\varphi_x^*)}{\sigma}=wf_x \Rightarrow q_x(\varphi_x^*)=(\sigma-1)f_x\varphi_x^* \qquad (3.11)$$

其中，f_x 是出口中额外的固定劳动成本。我们在这里假设 $r_x(\varphi)/f_x < r(\varphi)/f$，那么出口企业的临界生产力 φ_x^* 将会超过本国企业的临界生产力 φ^*，即 $\varphi_x^* > \varphi^*$。因此，出口企业的数量为：

$$M_x \equiv \int_{\varphi_x^*}^{\infty} M\mu(\varphi)d\varphi < M \qquad (3.12)$$

为了使这个模型完整，我们加入了充分就业条件和新进入企业零预期利润条件。一个生产力为 φ 的企业其国内销售所需要的劳动力为 $[q(\varphi)/\varphi]+f$，出口销售所需要的劳动力为 $[q_x(\varphi)/\varphi]+f_x$，因此完全就业条件为：

$$L = M_e f_e + M\int_{\varphi^*}^{\infty}\left[\frac{q(\varphi)}{\varphi}+f\right]\mu(\varphi)d\varphi + M_x\int_{\varphi_x^*}^{\infty}\left[\frac{q_x(\varphi)}{\varphi}+f_x\right]\mu_x(\varphi)d\varphi$$

$$(3.13)$$

其中，出口企业生产力的条件分布是 $\mu_x(\varphi) \equiv g(\varphi)/[1-G(\varphi_x^*)]$，$\varphi > \varphi_x^*$。对 (3.13) 式乘以 w，运用事实 $(w/\varphi)q(\varphi)=r(\varphi)(\sigma-1)/\sigma$，对出口商进行同样的操作，得到：

$$wL = w(M_e f_e + Mf + M_x f_x) + \left(\frac{\sigma-1}{\sigma}\right)\left[M\int_{\varphi^*}^{\infty} r(\varphi)\mu(\varphi)d\varphi\right.$$

$$+ M_x \int_{\varphi_x^*}^{\infty} r_x(\varphi) \mu_x(\varphi) d\varphi \Big]$$

$$= w(M_e f_e + M f + M_x f_x) + \left(\frac{\sigma-1}{\sigma}\right) w L$$

公式第二个等号是通过 GDP 的定义得到的,期望利润为零。接下来,在国内新进入的企业和出口企业间存在线性转换曲线,即:

$$L = \sigma(M_e f_e + M f + M_x f_x) \tag{3.14}$$

为了得到更进一步的结果,我们假设生产力服从帕累托分布:

$$G(\varphi) = 1 - \varphi^{-\theta}, \theta > \sigma - 1 > 0 \tag{3.15}$$

在这种情况下,新进入企业的数量与劳动力数量成正比关系(见附录3.1),$M_e = L(\sigma-1)/\sigma\theta f_e$ 这也被(Chaney,2008)在假设中提到过。因此,居于国内和国外产品多样性间的转换曲线可以进一步简化为:

$$L = \frac{\sigma\theta}{\theta-\sigma+1}(M f + M_x f_x) \tag{3.16}$$

国内产品种类和出口产品种类之间的转换曲线是线性的,这与克鲁格曼(Krugman,1980)模型中得出的结果很类似,见(2.8)式。但是这个事实并没有告诉我们产出之间的转换曲线是否是线性的,因为我们还需要考虑到每种产品种类的数量。在克鲁格曼模型中,每个企业生产的数量是固定的,见(2.7)式。但在梅里茨(Melitz,2003)模型中,只有零临界利润企业的产出与克鲁格曼模型中得出的产出一致,并且临界生产力 φ^* 是由自己内生决定的。因此,为了确定国内的产出转换曲线,我们首先需要确定对产出的正确度量方法,正确的度量需要考虑国内产品的出口产品的种类,即 M 和 M_x。

为了找到关于产量的正确度量方法,我们将需求曲线变成反需求

曲线,并将收入看成是数量的函数,从(3.6)式中我们得到:

$$r(\varphi) = A_d q(\varphi)^{(\sigma-1)/\sigma}, A_d \equiv P^H \left(\frac{wL}{P^H}\right)^{1/\sigma} \qquad (3.17)$$

这里引入符号 A_d 作为需求曲线所面临的企业在国内销售时的移动参数,它取决于 CES 价格指数 P^H 和国内支出 wL。

同样地,出口收入可以写为:

$$r_x(\varphi) = A_x q_x(\varphi)^{(\sigma-1)/\sigma}, \ A_x \equiv \left(\frac{P^F}{\tau}\right)\left(\frac{\tau_i w^* L^*}{P^F}\right)^{1/\sigma} \qquad (3.18)$$

将企业在本国的收入和国外的收入整合起来,我们得到 GDP:

$$wL = A_d M \int_{\varphi^*}^{\infty} q(\varphi)^{(\sigma-1)/\sigma} \mu(\varphi) d\varphi + A_x M_x \int_{\varphi_x^*}^{\infty} q_x(\varphi)^{(\sigma-1)/\sigma} \mu_x(\varphi) d\varphi$$

$$(3.19)$$

因此,为了度量 GDP,国内产品和出口产品的种类如上所示都要乘上其对应的产量。芬斯特拉和纪(Feenstra and Kee,2008)论证了这样一种情况:在整个经济中资源的使用是有限的,并且 A_d 和 A_x 都是在给定的情况下最大化 GDP,其一阶条件与垄断竞争下的均衡条件相同。公式(3.19)中出现的产量是用来调整国内和出口产品多样性的"正确"方法。

我们还可以进一步简化这些产量:应用 CES 型的需求函数并结合(3.7)式中的固定加价能力表明卖出产品的数量等于 $q(\varphi) = (\varphi/\bar\varphi)^\sigma q(\bar\varphi)$,且对于任意选择的生产力 $\bar\varphi$ 都成立。我们根据梅里茨(Melitz,2003)的思想,将 $\bar\varphi$ 指定为平均生产力的形式:

$$\tilde{\varphi} \equiv \left[\int_{\varphi^*}^{\infty} \varphi^{(\sigma-1)} \mu(\varphi) d\varphi \right]^{1/(\sigma-1)} \tag{3.20}$$

同样地,对于出口商其平均生产力为 $\tilde{\varphi}_x$,用 φ^* 和 μ_x 计算得出。经过产品种类调整的 GDP 等于 $(A_d \tilde{M} + A_x \tilde{M}_x)$:

$$\tilde{M} \equiv M q(\tilde{\varphi})^{(\sigma-1)/\sigma}, \quad \tilde{M}_x \equiv M_x q_x(\tilde{\varphi}_x)^{(\sigma-1)/\sigma} \tag{3.21}$$

为了进一步对 GDP 的表达式进行简化,注意到帕累托的一个性质:如(3.20)式这样的一个积分是该积分下限的常数倍。也就是说:

$$\tilde{\varphi} = \left[\frac{\theta}{\theta - \sigma + 1} \right]^{1/(\sigma-1)} \varphi^* \tag{3.22}$$

这与通过对(3.20)式积分而得到的一样,如果 $\theta > \sigma - 1$,那么这个积分结果将是个有限的值。因此临界生产力 φ^* 与企业的数量有关,即 $[1 - G(\varphi^*)] M_e = \delta M$,基于新进入企业的数量 $M_e = L(\sigma-1)/\sigma \theta f_e$ 和帕累托分布,我们得到:

$$(\varphi^*)^{-\theta} = \frac{\delta \sigma \theta f_e}{L(\sigma-1)} M \tag{3.23}$$

将这些结果结合起来,我们可以计算出经过产量调整的国内产品种类的数量:

$$\tilde{M} = M \left(\frac{\tilde{\varphi}}{\varphi^*} \right)^{(\sigma-1)} q(\varphi^*)^{\frac{(\sigma-1)}{\sigma}}$$

$$= \frac{\theta M}{\theta - \sigma + 1} \left[(\sigma-1) f \varphi^* \right]^{\frac{(\sigma-1)}{\sigma}}$$

$$= k_1 f^{\frac{(\sigma-1)}{\sigma}} M^{1 - \left[\frac{(\sigma-1)}{\theta \sigma} \right]} \left(\frac{f_e}{L} \right)^{-\left[\frac{(\sigma-1)}{\theta \sigma} \right]}$$

第一个等号从(3.21)式中得出 $q(\tilde{\varphi}) = (\tilde{\varphi}/\varphi^*)^{\sigma} q(\varphi^*)$。第二个等号运用(3.22)式和 ZCP 条件 $q(\varphi^*) = (\sigma-1) f \varphi^*$,第三个等号则从

(3.23)式中得出,其中 $k_1>0$ 且其值取决于参数 θ, σ 和 δ。因此调整的国内产品种类的数量是企业数量 M 的一个递增但非线性的函数。

类似的表达式对出口也成立,只是用 f_x, M_x 和 $\widetilde{M}_x$ 参数代替了 f, M 和 $\widetilde{M}$。解出 M 和 M_x 并把它们代入到(3.16)式中的线性转换曲线中,我们得到一个位于 $\widetilde{M}$ 和 $\widetilde{M}_x$ 的凹的转换曲线,其弹性 $\omega \equiv [\theta\sigma/(\sigma-1)]-1>0$:

$$L = k_2 f_e^{1/(\omega+1)} (\widetilde{M}^{(\omega+1)/\omega} f^{1+[(\omega+1)(\sigma-1)]/\omega\sigma}$$

$$+ \widetilde{M}_x^{(\omega+1)/\omega} f_x^{1+[(\omega+1)(\sigma-1)]/\omega\sigma})^{\omega/(\omega+1)} \tag{3.24}$$

其中,$k_2>0$,并且也取决于三个参数 θ, σ 和 δ。

综上所述,从梅里茨(Melitz,2003)模型中我们得到了固定弹性转换曲线,弹性 $w \equiv [\theta\sigma/(\sigma-1)]-1>0$,正如我们先前在(3.9)式中所说的。定理 2.1 和定理 2.2 中的早期结论能够继续运用到该转换曲线。特别地,当我们最大化 $(A_d\widetilde{M}+A_x\widetilde{M}_x)$ 时,其约束条件就是该转换曲线。这个拉格朗日问题会引出下面的结果,与(3.10)类似。

定理 3.1(Feenstra and Kee,2008) 假设企业生产力的分布服从帕累托分布,见(3.15)式,那么在转换曲线(3.24)式约束下最大化 GDP 会得出 $\psi(A_d, A_x)L$:

$$w = \psi(A_d, A_x) \equiv \frac{1}{k_2 f_e^{1/(\omega+1)}} [A_d^{\omega+1} f^{1-[\theta/(\sigma-1)]} + A_x^{\omega+1} f_x^{1-[\theta/(\sigma-1)]}]^{1/(\omega+1)}$$

$$\tag{3.25}$$

函数 $\psi(A_d, A_x)$ 是转换曲线上 $L=1$ 时的收入,它与工资相等。注意,上式中固定成本 f 和 f_x 的指数是当 $-\{w+(1+w)[(\sigma-1)/\sigma]\}=$

$1-[\theta/\sigma-1]<0$ 时得到的。在钱君(Chaney,2008)的重力方程中，该表达式也作为固定成本上的指数出现。

现在我们可以运用定理 2.2 来计算贸易收益。封闭经济状态用 $t-1$ 表示，经济处在转换曲线的角点处且 $A_{xt-1}=\widetilde{M}_{xy-1}=0$，如图 3.3 中 A 点所示。用 t 表示贸易状态，在自由贸易下有 $A_{xt}>0$ 且 $\widetilde{M}_{xt}>0$，见图 3.3 中点 C。因此，我们可以通过计算贸易后和封闭经济时的实际工资的比率来估计贸易收益：

$$\frac{w_t/P_t^H}{w_{t-1}/P_{t-1}^H}=\frac{\psi(A_{dt},A_{xt})}{\psi(A_{dt-1},0)}\left(\frac{P_t^H}{P_{t-1}^H}\right)^{-1}$$

$$=\left(\frac{A_{dt}}{A_{dt-1}}\right)\left(\frac{R_{dt}}{w_tL_t}\right)^{-1/(\omega+1)}\left(\frac{P_t^H}{P_{t-1}^H}\right)^{-1}$$

$$=\left(\frac{w_t/P_t^H}{w_{t-1}/P_{t-1}^H}\right)^{1/\delta}\left(\frac{R_{dt}}{w_tL_t}\right)^{-1/(\omega+1)} \quad (3.26)$$

其中公式第一行根据定理 2.1 中的工资得出；第二行由定理 2.2 得出，并运用国内价格 A_d 作为在每个时期都能得到的普通产品，在 t 期国内产品上花费了 $R_{dt}\equiv A_{dt}\widetilde{M}t$；第三行直接由(3.17)式中 A_d 的定义得出。

运用这些等式来计算实际工资的比率，得到如下结果：

定理 3.2(Arkolakis et al.,2008b) 从梅里茨(Melitz,2003)模型中计算出的贸易收益为：

$$\frac{w_t/P_t^H}{w_{t-1}/P_{t-1}^H}=\left(\frac{R_{dt}}{w_tL_t}\right)^{-[1/(\omega+1)][\sigma/(\sigma-1)]}=\left(\frac{R_{dt}}{w_tL_t}\right)^{-1/\theta} \quad (3.27)$$

因为 $w\equiv[\theta\sigma/(\sigma-1)]-1$ 我们能得到(3.27)式中的最后一个等式，因此 $[1/(w+1)][\sigma/(\sigma-1)]=1/\theta$。

注意，国内支出 R_{dt} 对总收入 w_tL_t 的比率等于 1 减去进口份额，因

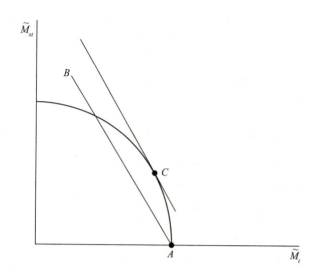

图 3.3　梅里茨模型中的固定弹性转换曲线

此该公式与克鲁格曼（Krugman,1980）模型所得出的贸易收益是一样的,仅仅把指数 $-1/(\sigma-1)$ 换成了（3.27）式中的 $-1/\theta$。该发现正是阿科莱基斯等人得出的结果,并且值得注意的是,替代弹性 σ 并没有出现在公式中（当然 σ 影响了进口份额）。对于这个简单公式的由来我们给出了一些直观的推算过程。也就是说,在图3.3中,位于转换曲线角点 A 点（出口为零）移动到内部的某个位置如 C 点,该移动产生的收益等于（1－进口（出口）份额） $^{-1/(\omega+1)}$,这也是定理 2.2 从生产者的角度的直接应用。我们也许可以将该收益归因于出口产品多样性。这些收益也就是（3.26）式中第二行的表达式所示,它反映了出口企业在挤出国内一些低效率的企业时,其自身的生产力也在提升,从而导致工资上升。但是,这种生产力的提高会使价格下降,因此会进一步提高实际工资:当我们用 A_d 来代替价值时,这些都可以得以体现,因此可以求解出（3.27）式中的实际工资。通过这两个渠道得出贸易收益等于（1－进口（出口）份额） $^{-1/\theta}$,它在

绝对值上大于 $-1/(\omega+1)=-(\sigma-1)/\theta\sigma$。

但是有关进口多样化而获得的更进一步的收益又怎样呢？现在我们必须谨慎,因为梅里茨模型导致国内企业退出市场,因而国内产品种类相应减少,而这些必须抵消进口产品种类的增加。鲍德温和福斯利德(Baldwin and Forslid,2004)指出产品种类总的数量会随着贸易自由化而下降,然而阿科莱基斯等人(2008b)则认为它既可能上升也可能下降。但仅仅简单地计算产品种类总的数量并不是估计福利的正确方法,事实上我们应从消费者的角度考虑要乘以比率$(\lambda_t/\lambda_{t-1})^{-1/(\sigma-1)}$,如定理2.2中所示。像我们现在所展示的,该比率就是1:由于新进口产品种类的增加获得的收益与国内产品的种类的减少损失的收益正好抵消。因此,我们在定理3.2中已经确认的生产者收益恰恰就是贸易种类多样化能带给一国的(净)收益。

为了得到这个结果,我们对梅里茨模型使用CES价格指数,

$$
P^H = \left[\int\limits_{\varphi^*}^{\infty} p(\varphi)^{1-\sigma} M\mu(\varphi)d\varphi + \int\limits_{\varphi_x^{F^*}}^{\infty} p^F(\varphi)^{1-\sigma} M^F \mu^F(\varphi)d\varphi \right]^{1/(1-\sigma)}
$$

$$(3.28)$$

其中,$\bar{\omega}_x^{F^*}$表示国外出口商临界零利润的生产力,其价格为$P^F(\varphi)$。该CES价格指数在概念上与(2.2)式中提到的单位支出函数相同。(3.28)式国内产品的平均价格为:

$$
\left[\int\limits_{\varphi^*}^{\infty} p(\varphi)^{1-\sigma} M\mu(\varphi)d\varphi \right]^{1/(1-\sigma)} = \left(\frac{\sigma}{\sigma-1} \right)\left(\frac{w}{\bar{\varphi}} \right)M^{-1/(\sigma-1)} \quad (3.29)
$$

它使用了(3.7)式中的价格和(3.20)式中平均生产力的定义。

当比较封闭经济(用$t-1$表示)状态和自由贸易状态(用t表示)时,我们需要考虑国内产品价格的改变以及产品种类的改变,如(3.29)式

所示,并且基于这样一个事实:所有进口的产品都是新产品。运用定理 2.2 得出以下单位支出的比率:

$$\frac{P_t^H}{P_{t-1}^H} = \left(\frac{w_t/\tilde{\varphi}_t}{w_{t-1}/\tilde{\varphi}_{t-1}}\right)\left(\frac{R_{dt}/w_t L_t}{M_t/M_{t-1}}\right)^{1/(\sigma-1)} \tag{3.30}$$

(3.30)式等号右边第一项就是国内产品平均价格的改变,它反映了工资的变动和平均生产力的变动。所有的国内产品在每个时期都是可得到的,因此第一项反映了在定理 2.2 中的普通国内产品下的 Sato-Vartia 指数 P_{sv}。等号右边第二项的分子是在时期 t,相对于总支出而言的国内产品的支出,在定理 2.2 中恰好等于 λ_t,或者等于 1 减去花费在新进口产品上的份额;第二项中的分母为定理 2.2 中的 λ_{t-1},它反映了国内产品种类的减少,即 $M_t < M_{t-1}$。

在(3.30)式中我们令 $M_t/M_{t-1} = R_{dt}/w_t L_t$,这样,国内产品种类的减少恰好与花费在新进口产品上的份额抵消,并且也不会有更多的消费者收益。这个结果来自于国内企业的 ZCP 条件,见(3.8)式。(3.8)式中出现的第二个表达式是 $q(\varphi^*) = (\sigma-1)f\varphi^*$,它与从克鲁格曼模型得出的结果很相似,见(2.7)式。我们将该表达式与(3.8)式中的第一个表达式合并得到 $r(\varphi^*)/\sigma = \omega f$,可以用(3.17)式中的逆需求函数来重写,由此得到:

$$\left[\frac{A_{dt}q(\varphi_t^*)^{(\sigma-1)/\sigma}}{A_{dt-1}q(\varphi_{t-1}^*)^{(\sigma-1)/\sigma}}\right] = \left(\frac{\omega_t}{\omega_{t-1}}\right)$$

运用定义 $A_d \equiv P^H(\omega L/P^H)^{1/\sigma}$,我们可以将该表达简化为:

$$\left[\frac{q(\varphi_t^*)}{q(\varphi_{t-1}^*)}\right] = \left(\frac{w_t/P_t^H}{w_{t-1}/P_{t-1}^H}\right)$$

现在运用 ZCP 条件 $q(\varphi^*) = (\sigma-1)f\varphi^*$,能够得到:

$$\left(\frac{\varphi_t^*}{\varphi_{t-1}^*}\right) = \left(\frac{w_t/P_t^H}{w_{t-1}/P_{t-1}^H}\right) \qquad (3.31)$$

因此,实际工资的上升反映了 ZCP 中生产力上升。从(3.22)式中我们知道,ZCP 生产力的比率等于平均生产力的比率,即($\bar{\varphi}_t/\bar{\varphi}_{t-1}$)。比较(3.30)式和(3.31)式,我们发现 $M_t/M_{t-1} = R_{dt}/\omega_t L_t$,而这正是我们想要的。

在梅里茨模型中我们发现,从产品多样化中并不会有额外的消费收益,该发现暗含在阿科莱基斯等人(Arkolakis et al.,2008b)的文章中,而且被迪-乔瓦尼和列夫琴科(Di Giovanni and Levchenko,2009)和阿科莱基斯、科斯蒂诺特和罗德里格斯-克莱尔(Arkolakis,Costinot and Rodriguez-Clare,2009)等人明确地讨论过。迪-乔瓦尼和列夫琴科认为企业规模的分布服从 Zipf 法则,则进口的广延边际就会成为总的贸易收益中不断消失中的那一小部分。他们假设 $\theta \to (\sigma-1)$ 时,生产力的帕累托分布服从 Zipf 法则。相比较而言,以上得出的结论更加普遍,因为我们知道进口的广延边际对福利的影响恰好与国内产品减少的广延边际对福利的影响相抵消,并且这些结论对于所有满足 $\theta > (\sigma-1)$ 都成立。阿科莱基斯、科斯蒂诺特和罗德里格斯-克莱尔(2009)运用一个应用范围更广的框架,再一次表明进口的广延边际对贸易收益没有额外的影响,建议读者对这篇文章进行深入阅读。

出口多样化带来的全球收益

我们用计算贸易带来的全球收益来总结这一章,我们将涵盖更广的横截面国家数据运用于定理 3.2 中的公式中。之前,我们提到过国内支出 R_{dt} 对总收入 $\omega_t L_t$ 的比率等于 1 减去进口份额,至少在贸易平衡时是成立的。在贸易不平衡时,该比率等于 1 减去出口份额,因为 R_{dt} 等于国内产品的总产出,而 $\omega_t L_t$ 是总的 GDP 并且等于国内产品和出口产品的价值之和,所以定理 3.2 中的贸易收益公式实际上是 $(1-出口份额)^{-1/\theta}$,我们现在就用出口份额来衡量贸易收益。

在第 2 章中,我们使用的是 PWT6.1 版的数据,以 1996 年作为基年并把我们的计算都集中在那一年。又一次地,我们从 151 个国家着手,正如芬斯特拉等人(2009)年中描述的那样,但是还需去除 5 个国家和地区(包括中国香港和新加坡),因为这 5 个国家和地区的进口和出口都超过了其 GDP,而这种情况在垄断竞争模型下是不可能发生的。剩下的 146 个国家,我们将名义出口额比上名义 GDP 得到出口份额。为了运用贸易收益公式,我们需要给帕累托参数 θ 赋值。

我们将对整个经济运用贸易收益公式,并且不区分不同部门的出口份额(对产品层面的贸易收益将在下一章讨论)。因此,我们需要为 θ 找一个基准值和一些额外的值以作敏感性分析。理论上,θ 值的下限为 $\sigma-1$,如(3.15)式中所示。[①] 考虑到该限制,我们先考虑 $\theta=\sigma=2.9$,也就是 σ 的平均估计值。该估计很可能低估了 θ 的实际值,使用"过低"的 θ 值,我们会夸大潜在的贸易收益。伊顿和科特姆(Eaton and Kortum,2002)得出了有关 θ 的更高的估计值。他们估计的是 Frechet 分布中的参数,该参数与 θ 很类似,发现估计值在 6 到 12 之间变动,并且在 8 附近有一个很稳定的估

---

① 为了确保企业生产力的分布不会向右偏离太大,该限制条件是必须的。因此,能够得到对企业生产力预期的一个有限值。

计值,因此可以用 8 作为 θ 的第二个值来用。另外我们选用在 2.9 和 8 之间的 $\theta=5$ 作为第三个值。

下面,我们来计算梅里茨(Melitz,2003)垄断竞争模型中的贸易利得如下:

$$出口多样化带来的收益 = \left[\frac{(1-出口份额)^{-1/\theta}-1}{(1-出口份额)^{-1/\theta}} \right]$$

θ 取值分别为 2.9、5.0、7.5。该公式将自由贸易实际工资的百分比表示成出口多样化带来的收益。在表 3.1 中,我们记录了在第 2 章中相同国家的收益。在表 3.1 中出口收益最多的国家:塔吉克斯坦、加蓬、马来西亚、马尔他和爱尔兰。这些国家在样本中有最大的出口份额,相应地它们也从贸易中获得了最大的收益。美国再一次位列最低的出口份额和最低比例的收益的榜首。在样本中的 146 个国家,用梅里茨(Melitz,2003)模型得出的贸易收益占实际 GDP 的百分比例在 3.5% 和 8.5% 间变动,其中的 θ 分别取值为 7.5 和 2.9。

表 3.1 1996 年出口多样性带来的国际贸易收益

	人均实际 GDP 收益(美元)	出口份额 (%)	总出口 收益(%)		
			帕曼托参数		
			$\theta=2.9$	$\theta=5$	$\theta=7.5$
刚果(金)	245	30.0	11.6	6.9	4.6
塔吉克斯坦	775	78.7	41.3	26.6	18.6
尼泊尔	1 007	19.6	7.2	4.3	2.7
赤道几内亚	1 104	42.6	17.4	10.5	7.1
摩尔多瓦	1 737	46.6	19.5	11.8	8.0
中国	2 353	20.0	7.4	4.4	2.9
危地马拉	3 051	17.0	6.2	3.7	2.5
巴西	5 442	7.0	2.5	1.4	0.9

	人均实际GDP 收益（美元）	出口份额 （%）	总出口 收益（%）		
			帕曼托参数		
			$\theta=2.9$	$\theta=5$	$\theta=7.5$
泰国	5 840	37.2	14.8	8.9	6.0
加蓬	7 084	79.2	41.8	27.0	18.9
马来西亚	7 448	91.4	57.1	38.8	27.9
沙特阿拉伯	9 412	55.8	24.5	15.0	10.3
马尔他	10 420	76.4	39.2	25.1	17.5
巴哈马群岛	13 081	32.8	12.8	7.6	5.2
以色列	13 138	26.2	9.9	5.9	4.0
百慕大群岛	15 017	21.3	7.9	4.7	3.1
爱尔兰	15 150	87.7	51.5	34.2	24.4
德国	17 292	25.6	9.7	5.7	3.9
挪威	20 508	44.6	18.4	11.1	7.6
美国	23 648	11.2	4.0	2.3	1.6
146个国家			8.5	5.1	3.5

注：（1）实际人均GDP与1996年PWT6.1版中的一致。（2）出口份额等于名义出口额除以名义GDP。（3）从出口产品多样化中获得的贸易收益为$[(1-出口份额)^{-1/\theta}-1]/(1-出口份额)^{-1/\theta}$，并且它们表示成自由贸易下实际人均GDP的百分比。

资料来源：作者的计算。

在图3.4中，我们针对样本中所有国家的实际GDP在图中绘出了因出口产品多样性带来的贸易收益，其中$\theta=5$。图中的趋势线表示实际GDP和因出口多样性带来的收益间存在负相关性（在5％的水平上是显著的）。令人惊奇的是，在图3.4中出口的这种负相关关系比在图2.5中对于进口的这种负相关关系明显要弱很多。当然，如果贸易处于平衡状态，这两幅图就会相同。我们又一次得到了国家的经济规模和贸易利得间的负相关关系。在第5章中我们将会再次讨论国家经济规模和贸易收益之间的关系，我们提出大国家在吸引更多的进口和出口产品上具有优势，这使得国家大小和贸易利得之间可能会有正相关关系。

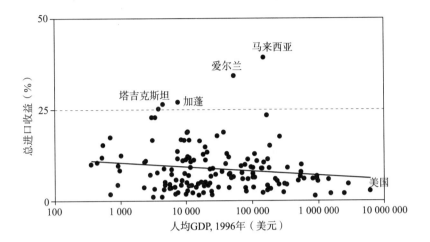

图 3.4　1996 年出口产品多样性与国际贸易收益

第 4 章　贸易的广延边际与国家生产力

　　通过前几章的分析,我们知道,梅里茨(2003)认为一个经济体的生产受益于贸易的增长。自然地,图 3.3 中,由于出口种类增加而导致的沿着转换曲线的移动,必将使 GDP 和产量增加。芬斯特拉和纪(Feenstra and Kee,2008),通过分析 1980—2000 年间 48 个国家对美国的出口情况证实了这一点。他们发现,这些国家对美国的出口种类平均每年增长 3.3%,也就是说,在这 20 年中,他们对美国的出口种类几乎增长了一倍。出口种类的总增长,使得出口国家的产量累计提高了 3.3%,即从 1980 年至 2000 年,仅仅由于出口种类的增加,出口国家平均的累计 GDP 增长为 3.3%。这个百分比超出了布洛达和韦恩斯坦对美国的福利增加的估计,他们认为,30 年间由于进口种类的增加带动了美国的实际 GDP 增长 2.6%。这些结果证明了贸易的增长对于生产力的影响是巨大的。

　　本章,我们将回顾芬斯特拉和纪的结论,但在这在之前,我们首先讨论对出口种类的度量方法。赫梅尔斯和科莱诺(Hummels and Klenow,2005)提出“贸易的广延边际”(extensive margin in trade)的概念,指的是由于商品种类的变化,即由于产品种类而不是每种商品消费量的变化,导致了进出口的变化。同时,他们也说明了,怎样在国家间建立广延边际,以及怎样将它与国家规模联系起来。最后证明,他们关于广延边际的度量,与我们在(2.1)式和

(3.1)式中所用过的 CES 总量函数完全一致。所以,我们在本章的开始,先简要地回顾一下 CES 函数中的精确价格指数,然后讨论进出口广延边际的度量方法。我们也提供了这些度量方法的 STATA 程序,详见本章附录。

对贸易广延边际的度量

考虑一个有 h 个国家的世界经济,其中 $h=1,\cdots,H$,每个国家都生产多种类型的产品。现在,我们暂时不区分内销产品与出口产品,假设所有的产品都出口。在每个时期 t,将 h 国生产和出口的产品集记做:$I_t^h \subset \{1,2,3,\cdots\}$。对于任意的 $i \in I_t^h$,产品 i 的数量 $q_{it}^h > 0$,那么将 h 国在时期 t 所生产的每一种类产品的向量记做 $q_t^h > 0$。每个国家 h 的产出都受 CES 转换曲线的限制,其中总资源 $L_t^h > 0$,即:

$$L_t^h = f(q_t^h, I_t^h) = \left(\sum_{i \in I_t^h} a_i (q_{it}^h)^{(\omega+1)/\omega} \right), a_i > 0 \qquad (4.1)$$

其中,产品交换弹性 $\omega > 0$。公式(4.1)在公式(3.1)的基础上,增加了对生产国 h 的明确标识。

在第 2 章和第 3 章的开始,我们说明了不同时期的两个 CES 函数比率的估算方法。同样,这些方法也可以运用于国家之间 CES 函数比率的估算。特别地,t 时期两个国家 h 和 j 之间的 CES 收益函数比率,等于一般商品($I_t = (I_t^h \cap I_t^j) \neq \emptyset$)之间的价格指数乘以反映"特殊"商品收益份额的项,即:

$$\prod_{i \in I_t} \left(\frac{p_{it}^h}{p_{it}^j} \right)^{\omega_{it}(I_t)} \left(\frac{\lambda_t^h(I_t)}{\lambda_t^j(I_t)} \right)^{-1/(\omega+1)}, h,j = 1,\cdots,H \qquad (4.2)$$

其中,权重 $\omega_{it}(I_t)$ 是根据两个国家的收益份额计算的。

$$w_{it}(I_t) \equiv \frac{\left[s_{it}^h(I_t) - s_{it}^j(I_t)\right] / \left[\ln s_{it}^h(I_t) - \ln s_{it}^j(I_t)\right]}{\sum_{i \in I_t} \left[s_{it}^h(I_t) - s_{it}^j(I_t)\right] / \left[\ln s_{it}^h(I_t) - \ln s_{it}^j(I_t)\right]}$$

(4.3a)

$$s_{it}^h(I_t) \equiv \frac{p_{it}^h q_{it}^h}{\sum_{i \in I_t} p_{it}^h q_{it}^h}, \text{对国家} j \text{也有类似的表达式}$$

(4.3b)

项 $\lambda_t^h(I_t)$ 和 $\lambda_{jt}(I_t)$ 分别是：

$$\lambda_t^h(I_t) = \frac{\sum_{i \in I_t} p_{it}^h q_{it}^h}{\sum_{i \in I_t^h} p_{it}^h q_{it}^h} = 1 - \frac{\sum_{i \in I_t^h, i \notin I_t} p_{it}^h q_{it}^h}{\sum_{i \in I_t^h} p_{it}^h q_{it}^h}, \text{对国家} j \text{也有类似的表达式}$$

(4.4)

注意,在(4.3b)式中,每个国家的收益份额是根据共同产品的集合 I_t 计算的。(4.3a)式中的权重则是份额 $s_{it}^h(I_t)$ 和 $s_{it}^j(I_t)$ 的对数平均值,且对所有 $i \in I_t$ 的产品权重加总为1。

在(4.4)式中,由于分子分母加总的不同,我们得出 $\lambda_t^h \leqslant 1$。如果存在商品属于集合 I_t^h,但不在集合 I_t 中,那么 λ_t^h 严格小于1。也就是说,在时期 t,h 国出口的某些商品,j 国并没有出口,使得 $\lambda_t^h < 1$。这些特殊商品(h 国出口,j 国没有出口)的价值越大,$\frac{\lambda_t^h}{\lambda_t^j}$ 的值越小,因此,它是对 h 国相对于 j 国的出口种类的倒数。那么,$\frac{\lambda_t^j}{\lambda_t^h}$ 就是对 h 国相对出口种类的直接度量。

假设,我们将对比国 j 看做整个世界,记做 F。那么集合 $I_t^F = \bigcup_h I_t^h$ 表示在 t 年,所有国家出口商品种类的总集,$p_{it}^F q_{it}^F$ 表示产品 i 的出口总值(所有出口来源国的加总)。现在,把国家 $h = 1, \cdots,$ H 与 F 国进行对比,那么出口商品的一般集合为 $I_t = I_t^h \bigcap I_t^F = I_t^h$,

或者简单地记做 h 国的出口商品集。从(4.4)式中我们可以得到 $\lambda_t^h = 1$，则 h 国出口商品种类的度量为：

$$\frac{\lambda_t^F(I_t^h)}{\lambda_t^h(I_t^h)} = \frac{\sum_{i \in I_t^h} p_i^F q_i^F}{\sum_{i \in I_t^F} p_i^F q_i^F} \tag{4.5}$$

赫梅尔斯和科莱诺(Hummels and Klenow, 2005)又进一步修改了公式(4.5)，使其可以用来衡量每个国家 h 对其伙伴国 j 的出口种类。将整个世界做为对比国，记做 F，则 h 国对 j 国出口广延边际的定义为：

$$EM_{t,\exp}^{hj} = \frac{\sum_{i \in I_t^{hj}} p_{it}^{Fj} q_{it}^{Fj}}{\sum_{i \in I_t^{Fj}} p_{it}^{Fj} q_{it}^{Fj}} \tag{4.6}$$

它扩展了公式(4.5)，增加了一个上标 j——目的国。赫梅尔斯和科莱诺同时也定义了出口的集约边际：

$$IM_{t,\exp}^{hj} = \frac{\sum_{i \in I_t^{hj}} p_{it}^{hj} q_{it}^{hj}}{\sum_{i \in I_t^{hj}} p_{it}^{Fj} q_{it}^{Fj}} \tag{4.7}$$

则广延边际与集约边际的乘积为：

$$EM_{t,\exp}^{hj} \times IM_{t,\exp}^{hj} = \frac{\sum_{i \in I_t^{hj}} p_{it}^{hj} q_{it}^{hj}}{\sum_{i \in I_t^{Fj}} p_{it}^{Fj} q_{it}^{Fj}} = \frac{h \text{ 国对 } j \text{ 国的出口}}{j \text{ 国的总进口}} = S_{t,\text{imp}}^{hj}$$

$$\tag{4.8}$$

即 h 国对 j 国的出口广延边际与集约边际之积，等于 h 国在 j 国总进口中的份额，或者指双边出口除以 j 国的总进口。注意，为了计算 h 国对 j 国出口的广延边际与集约边际，我们实际上采用了 j 国的进口数据。例如，美国的进口数据，能够用于计算所有对美出口国家的出口广延与集约边际(芬斯特拉和纪在 2008 年曾研究过，我们稍后将在本章讨论)。

为了计算 h 国对所有目的国的出口广延边际，赫梅尔斯和科莱诺对公式(4.7)进行了几何平均：

$$EM_{t,\exp}^{hF} = \prod_{j \neq h} \left[\frac{\sum_{i \in I_t^{hj}} p_{it}^{Fj} q_{it}^{Fj}}{\sum_{i \in I_t^{wj}} p_{it}^{Fj} q_{it}^{Fj}} \right]^{w_t^h} \tag{4.9}$$

其中，w_t^{hj} 是萨托—瓦迪亚(Sato - Vartia)权重：

$$w_t^h \equiv \frac{(S_{t,\exp}^{hj} - S_{t,\exp}^{Fj})/(\ln S_{t,\exp}^{hj} - \ln S_{t,\exp}^{Fj})}{\sum_{j \neq h}\left[(S_{t,\exp}^{hj} - S_{t,\exp}^{Fj})/(\ln S_{t,\exp}^{hj} - \ln S_{t,\exp}^{Fj})\right]} \tag{4.10}$$

其中，

$$S_{t,\exp}^{hj} = \frac{h\ 国对\ j\ 国的出口}{h\ 国的总出口}$$

h 国对所有目的国的出口集约边际——$IM_{t,\exp}^{hj}$，也是根据同样的几何平均方法得到的。

　　类似的定义同样适用于计算 j 国从 h 国进口的广延与集约边际，它们是基于 h 国的出口数据建立起来的[①]：

$$EM_{t,imp}^{hj} = \frac{\sum_{i \in I_t^{hj}} p_{it}^{hF} q_{it}^{hF}}{\sum_{i \in I_t^{hF}} p_{it}^{hF} q_{it}^{hF}} \tag{4.11}$$

$$EM_{t,imp}^{hj} = \frac{\sum_{i \in I_t^{hj}} p_{it}^{hj} q_{it}^{hj}}{\sum_{i \in I_t^{hj}} p_{it}^{hF} q_{it}^{hF}} \tag{4.12}$$

将二者相乘，我们得到：

$$EM_{t,imp}^{hj} \times IM_{t,imp}^{hj} = \frac{\sum_{i \in I_t^{hj}} p_{it}^{hj} q_{it}^{hj}}{\sum_{i \in I_t^{hF}} p_{it}^{hF} q_{it}^{hF}} = \frac{h\ 国对\ j\ 国的出口}{h\ 国的总出口} = S_{t,\exp}^{hj} \tag{4.13}$$

---

　　① 除了出口因素，赫梅尔斯和科莱诺(Hummels and Klenow,2002)一文中还考虑了进口的广延边际和集约边际效应。

同样地，j 国从整个世界 F 进口总的边际，都是通过对伙伴国采用几何平均的方法而计算的。

赫梅尔斯和科莱诺（Hummels and Klenow，2005）对各国 1995 年的截面数据进行了研究，并对比了大国和小国的贸易情况。当国家经济增长时，它们的进出口也会增加，问题是经济的发展是取决于贸易的广延边际，即更加丰富的产品种类，还是取决于贸易的集约边际，即对现有贸易产品种类的更多贸易。最后，他们得出，国家之间贸易差异的 2/3，都是由贸易的广延边际——产品种类的变化而导致的，而另外 1/3 则是取决于贸易的集约边际——同类产品贸易的增加。

表 4.1 是赫梅尔斯和科莱诺（Hummels and Klenow，2005）所做的基准回归。根据佩恩表（Penn world Table，版本 6.1）中 126 个出口国的 GDP 和就业率数据，他们检验了广延边际与集约边际在解释一国出口总量时的相对价值。他们对每个国家人均 GDP（Υ/L）和工人数量（L）进行了边际回归，并与世界平均水平相比较：

$$\ln EM_{t,\exp}^{hF} = \alpha_1 + \beta_1 \ln \frac{\Upsilon_h}{L_h} + \gamma_1 \ln L_h + \varepsilon_{1h}$$

且

$$\ln IM_{t,\exp}^{hF} = \alpha_2 + \beta_2 \ln \frac{\Upsilon_h}{L_h} + \gamma_2 \ln L_h + \varepsilon_{2h}$$

系数 $\beta_i/(\beta_1+\beta_2)$ 和 $\gamma_i/(\gamma_1+\gamma_2)$ 的相对大小，说明了国家规模的大小如何通过广延边际和集约边际来影响国家贸易值。如表 4.1 所示，第（1）列是固变量，第（2）列说明估计量是来自赫梅尔斯和科莱诺，还是来自本文作者的修订。第（3）列、第（4）列表示人均 GDP 和就业的系数，第（5）列为调整拟合优度。同时，他们对出口国的 GDP 对数，相对于其他国家的 GDP 对数的边际进行了自然对数回归，显示在表 4.1 的第（6）列和第（7）列。第（8）列给出了参与两个回归的国家数目。

表 4.1 出口的广延边际和集约边际

因变量	数值估计者	Υ/L	L	$\bar{R}^2$	Υ	$\bar{R}^2$	国家数量
(1)	(2)	(3)	(4)	(5)	(6)	(7)	(8)
广延边际	赫梅尔斯和科来诺	0.85	0.53	0.79	0.61	0.74	126
		(0.05)	(0.03)		(0.03)		
		66%	59%		62%		
	修订	1.05	0.63	0.86	0.74	0.8	126
		(0.05)	(0.03)		(0.03)		
		71%	62%		65%		
集约边际	赫梅尔斯和科来诺	0.44	0.36	0.6	0.38	0.6	126
		(0.05)	(0.03)		(0.03)		
		34%	41%		38%		
	修订	0.43	0.38	0.63	0.39	0.64	126
		(0.05)	(0.03)		(0.03)		
		29%	38%		35%		

注：(1) 数据来源：广延边际和集约边际是根据 1995 年 UNCTAD 的进口数据计算的；就业率和实际 GDP 来自于 1995 年 PWT 版本 6.1。

(2) 所有的变量都是自然对数形式。括号中数据为标准误。百分数表示两个回归中每一边际相对于其系数和贡献度。"修订"表示是作者用同一数据集计算得出的。

(3) 表示是对表 4.2 中赫梅尔斯和科来诺(Hummels and Klenow，2005)基准回归的复制。"修订"表示赫梅尔斯和科来诺以及作者的计算。

资料来源：赫梅尔斯和科来诺。

表 4.1 中赫梅尔斯和科莱诺所做的回归表明了 66％的出口增长在广延边际上与更高的人均 GDP 相关,其余的 34％则发生在集约边际上。关于工人数量或 GDP 总量的系数,也呈现出类似的相对百分比。所以,广延边际扮演了一个更为重要的角色:由于出口增加而导致的经济的增长或财富的增加,大约 2/3 是源于贸易的广延边际,剩余的 1/3 则是源于贸易的集约边际。表 4.1 中也显示了用同样的数据,但是稍微改动出口广延边际的STATA 代码后,计算得出的结果。[①] 我们的计算不同之处主要在于,在计算出口广延边际时,我们的估计倾向于低估样本中的所有国家。但是,我们新的回归最终得出了和赫梅尔斯和科莱诺统一的结果,证明了在解释某一国全部出口时,广延边际扮演着更重要的角色。

在表 4.2 中,我们沿着赫梅尔斯和科莱诺的方法继续往下做,但是扩展了回归,检验了更多的样本,包括更多的国家和年份。我们重复对 1993—2001 年,佩恩表版本 6.2 中的近 160 个国家的就业和实际 GDP 数据做回归。[②] 所有的回归都再一次强调了广延边际在解释贸易流动性上的重要性。国家规模对于出口的影响,平均大约 60％是源自外延边际,40％是源自于内延边际。

最后,利用出口数据,根据公式(4.11)和公式(4.12),我们计算得出进口的广延边际和集约边际。然后,将赫梅尔斯和科莱诺的回归应用到进口边际上来。结果如表 4.3 所示。在这个情况中,进口的广延边际所扮演的角色不如集约边际重要:仅仅大约 30％的国家规模对其进口的影响是通过广延边际发生的,而剩下 70％的影响则都源自集约边际。

---

① 在计算 Sato - Vartia 权重时我们稍微做了修正,该权重度量的是每个进口国在出口国总的出口中的相对重要性。

② 为简便起见,我们没对表 4.2 中每年的数据都报告回归结果,但是这些回归能够给出类似的结果。

表 4.2 出口广延边际和集约边际,修订版 PWT 6.2 数据源

年份	固变量	Υ/L	L	$\bar{R}^2$	Υ	$\bar{R}^2$	国家数量
(1)	(2)	(3)	(4)	(5)	(6)	(7)	(8)
1993	广延边际	1.06 (0.05) 60%	0.50 (0.03) 51%	0.79	0.65 (0.03) 55%	0.67	159
	集约边际	0.70 (0.05) 40%	0.47 (0.03) 49%	0.70	0.53 (0.03) 45%	0.66	
1995	广延边际	1.03 (0.05) 60%	0.52 (0.03) 51%	0.82	0.66 (0.03) 54%	0.71	163
	集约边际	0.68 (0.05) 40%	0.49 (0.03) 49%	0.73	0.55 (0.03) 46%	0.71	
1997	广延边际	1.01 (0.04) 60%	0.52 (0.03) 51%	0.84	0.66 (0.03) 55%	0.73	162
	集约边际	0.68 (0.04) 40%	0.50 (0.03) 49%	0.75	0.55 (0.03) 45%	0.73	

年份	因变量	Υ/L	L	$\bar{R}^2$	Υ	$\bar{R}^2$	国家数量
(1)	(2)	(3)	(4)	(5)	(6)	(7)	(8)
1999	广延边际	0.99	0.50	0.83	0.64	0.71	163
		(0.04)	(0.03)		(0.03)		
		57%	48%		51%		
	集约边际	0.76	0.54	0.75	0.61	0.73	
		(0.05)	(0.03)		(0.03)		
		43%	52%		49%		
2001	广延边际	1.01	0.49	0.83	0.65	0.70	164
		(0.05)	(0.03)		(0.03)		
		56%	47%		51%		
	集约边际	0.78	0.56	0.75	0.63	0.72	
		(0.05)	(0.03)		(0.03)		
		44%	53%		49%		

注:(1)广延边际和集约边际数据来源是根据 COMTRADE 多年的进口数据计算的;就业和实际 GDP 的数据来源于 PWT6.2 版。
(2)所有的变量都是自然对数。括号中的数字为标准误。百分比描述的是每一种边际相对于两个回归中的系数总和。
资料来源:作者的计算。

表 4.3 进口广延和集约边际，修订版 PWT 6.2 数据

年份	固变量	γ/L	L	$\bar{R}^2$	γ	$\bar{R}^2$	国家数量
(1)	(2)	(3)	(4)	(5)	(6)	(7)	(8)
1993	广延边际	0.46	0.21	0.67	0.28	0.56	159
		(0.03)	(0.02)		(0.02)		
		32%	25%		29%		
	集约边际	0.98	0.60	0.80	0.70	0.75	
		(0.05)	(0.03)		(0.03)		
		68%	75%		71%		
1995	广延边际	0.44	0.22	0.74	0.28	0.65	163
		(0.02)	(0.02)		(0.02)		
		31%	27%		28%		
	集约边际	0.96	0.61	0.82	0.71	0.77	
		(0.05)	(0.03)		(0.03)		
		69%	73%		72%		
1997	广延边际	0.46	0.22	0.75	0.28	0.64	162
		(0.02)	(0.02)		(0.02)		
		31%	25%		27%		
	集约边际	1.02	0.63	0.88	0.74	0.82	
		(0.04)	(0.03)		(0.03)		
		69%	75%		73%		

年份	固变量	Υ/L	L	$\bar{R}^2$	Υ	$\bar{R}^2$	国家数量
(1)	(2)	(3)	(4)	(5)	(6)	(7)	(8)
1999	广延边际	0.45	0.21	0.75	0.28	0.63	163
		(0.04)	(0.03)		(0.02)		
		30%	25%		27%		
	集约边际	1.04	0.63	0.86	0.74	0.79	
		(0.04)	(0.03)		(0.03)		
		70%	75%		73%		
2001	广延边际	0.43	0.22	0.72	0.29	0.63	164
		(0.02)	(0.02)		(0.02)		
		29%	25%		27%		
	集约边际	1.03	0.66	0.85	0.77	0.79	
		(0.04)	(0.03)		(0.03)		
		71%	75%		73%		

注:(1)数据来源:广延边际和集约边际是根据 COMTRADE 多年的出口数据计算得出的;就业和实际 GDP 的数据源自 PWT6.2 版。
(2)所有的变量都是自然对数。括号中的数字为标准误差。百分比描述的是每一种边际相对于两个回归中的系数总和。
资料来源:作者的计算。

第 4 章　贸易的广延边际与国家生产力　77

出口种类和国家生产力

现在,我们转向对出口广延边际和国家生产力关系的研究。在第 3 章中,我们对梅里茨(Melitz,2003)模型进行了分析。分析表明,一国的出口份额越大,其工业生产力也会越高。这是由于企业的自我选择,即:当贸易开放时,国内一些生产效率低的企业会自动退出,生产效率高的企业则会成为出口商。这种关系表现在图 3.3 的转换曲线中,即:某一产业贸易的开放,将会导致其产业均衡经历从 A 到 C(内部均衡点)的移动。转换曲线的严格凹是遵循了梅里茨模型的逻辑,曲线弹性为:$\omega = [\theta\sigma/(\sigma-1)] - 1 > 0$,其中 θ 为生产分布函数的帕累托参数。更正规地说,定理 3.1 表明的是收益函数 $\psi(A_d, A_x)$,该函数包括了我们正在使用的弹性。

为了确定出口种类与国家生产力之间的实证关系,芬斯特拉和纪(Feenstra and Kee,2008)考虑了一个多国多部门的模型。他们假设每个部门 $i = 1, \cdots, N$ 在国家 $h = 1, \cdots, H$ 和年份 t 的收益函数为 $\psi_{it}^h = \psi_i(A_{dit}^h, A_{xit}^h)$,即定理 3.1 所给出的形式。[①] 他们假设整个行业的 GDP 为超越对数函数形式,并且将 CES 收益函数 $\psi_{it}^h = \psi_i(A_{dit}^h, A_{xit}^h)$ 应用到每一个部门中去。定义向量 $\psi_t^h = (\psi_{1t}^h, \cdots, \psi_{Nt}^h, \psi_{N+1,t}^h)$,其中包含了非贸易部门 $N+1$ 的价格 $\psi_{N+1,t}^h$。

---

① 为了把每个行业收入函数中的参数在时间和国家层次上看作是一样的,芬斯特拉和纪(Feenstra and Kee,2008)假设帕累托参数 θ_i、固定成本 f_i 和 f_{ix} 在这些维度上都是不变的,它只随着行业 $i = 1, \cdots, N$ 的变化而变化。

将要素禀赋表示为向量 $V_t^h = (\upsilon_{1t}^h, \cdots, \upsilon_{Kt}^h)$，则超越对数 GDP 函数为：

$$\ln R_t^h(\psi_t^h, V_t^h) = \alpha_0^h + \beta_{0t} + \sum_{i=1}^{N+1} \alpha_i \ln\psi_{it}^h + \sum_{k=1}^{k} \beta_k \ln\upsilon_{kt}^h$$
$$+ \frac{1}{2} \sum_{i=1}^{N+1} \sum_{j=1}^{N+1} \gamma_{ij} \ln\psi_{it}^h \ln\psi_{jt}^h + \frac{1}{2} \sum_{k=1}^{K} \sum_{\ell=1}^{K} \delta_{k\ell} \ln\upsilon_{kt}^h \ln\upsilon_{\ell t}^h$$
$$+ \sum_{i=1}^{N+1} \sum_{k=1}^{K} \phi_{ik} \ln\psi_{it}^h \ln\upsilon_{kt}^h \qquad (4.14)$$

芬斯特拉和纪（Feenstra and Kee, 2008）在函数中加入固定效应 α_0^h，它所反映的是外生技术的差异，使得不同国家之间形成差异化。他们同时也加入了时间固定效应 β_{0t}，这个变量在不同国家之间是相同的。

假设价格与禀赋是一阶齐次的，我们需要约束：

$$\gamma_{ij} = \gamma_{ji}, \delta_{ke} = \delta_{ek}, \sum_{i=1}^{N+1} \alpha_n = \sum_{k=1}^{K} \beta_k = 1$$
$$\sum_{i=1}^{N+1} \gamma_{ij} = \sum_{i=1}^{N+1} \varphi_{ik} = \sum_{k=1}^{K} \delta_{ke} = \sum_{k=1}^{K} \phi_{ik} = 0 \qquad (4.15)$$

则部门 i 在 GDP 中的份额等于 $\ln R_t^h(\psi_t^h, V_t^h)$ 对 $\ln\psi_{it}^h$ 的偏导：

$$s_{it}^h = \alpha_i + \sum_{j=1}^{N+1} \gamma_{ij} \ln\psi_{jt}^h + \sum_{k=1}^{K} \varphi_{ik} \ln\upsilon_{kt}^h, \quad i = 1, \cdots, N+1 \quad (4.16)$$

我们将这些各个部门的份额方程当做估计方程，但是首先，我们需要解释怎样度量 CES 收益函数。

CES 收益函数

实证研究的关键，就是度量每个部门的 CES 收益函数 $\psi_{it}^h = \psi_i(A_{dit}^h, A_{xit}^h)$。为此，我们首先将样本国与对比国 F 做 GDP 方程和份额方程的差分。每个部门的 CES 收益函数，也与对比国 F 做差分，这意味着我们对比率 $\psi_{it}^h / \psi_{it}^F$ 取对数形式。为了估计 CES 函数的比率，我们利用萨托（Sato, 1976）和瓦迪亚（Vartia, 1976）得出的指数计算公式。假设不同国家各个部门的固定成本 f_{ix} 和 f_i 是相同的，我们可以得到，部门 i 的 CES 比率为：

$$\frac{\psi_i(A_{idt}^h, A_{ixt}^h)}{\psi_i(A_{idt}^F, A_{ixt}^F)} = \left(\frac{A_{idt}^h}{A_{idt}^F}\right)^{1-W_{it}^h} \left(\frac{A_{ixt}^h}{A_{ixt}^F}\right)^{W_{it}^h} = \left(\frac{A_{idt}^h}{A_{idt}^F}\right)\left(\frac{A_{ixt}^h/A_{idt}^h}{A_{ixt}^F/A_{idt}^F}\right)^{W_{it}^h}$$

$$(4.17)$$

W_{it}^h 是国家 h 和 F 出口份额的对数平均值。[①]

公式（4.17）中的第一个等号是直接来自于 Sato - Vartia 公式的，使得我们能够利用出口份额数据来估计（样本国与对比国）CES 函数（3.25）式的比值，而不需要知道固定成本，第二个等号是由代数推导出来的。为了更加简化这个表达式，我们证明，出口和国内比率的转移参数 A_{ixt}^h / A_{idt}^h，是如何与出口种类紧密相关的。为了简化证明起见，我们省略时间下标。对国内部门利用公式（3.6）和公式（3.8），对出口部门利用公式（3.9）和公式（3.11），分别推导 $\gamma_i^h(\varphi_i^{h*})$ 和 $\gamma_{ix}^h(\varphi_{ix}^{h*})$。定义每个部门的国内支出为 E_i^h，国外支出为 E_i^F，我们得到：

$$\frac{\gamma_{ix}^h(\varphi_{ix}^{h*})}{\gamma_i^h(\varphi_i^{h*})} = \left(\frac{\varphi_{ix}^{h*} P_i^F/\tau_i}{\varphi_i^{h*} P_i^h}\right)^{\sigma_i-1} \frac{E_i^F}{E_i^h} = \frac{f_{ix}}{f_i}$$

其中，我们将不同国家的固定成本看做是相同的。对上述公式

---

① 令 S_{it}^h 表示为在部门 i 和国家 h 的出口/（出口＋进口），那么 ω_{it}^h 可以构建成如下形式：$(S_{it}^h - S_{it}^F)/(\ln S_{it}^h - \ln S_{it}^F)/\{(S_{it}^h - S_{it}^F)/(\ln S_{it}^h - \ln S_{it}^F) + [(1-S_{it}^h) - (1-S_{it}^F)]/[\ln(1-S_{it}^h) - \ln(1-S_{it}^F)]\}$。

取幂$(1/\sigma_i)$,利用(3.17)式和(3.18)式中需求替代参数的定义,以及(3.12)式中的帕累托分布给出的$M_{ix}^h/M_i^h=(\varphi_{ix}^{h*}/\varphi_i^{h*})^{-\theta_i}$,我们得出:

$$\left(\frac{A_{ix}^h}{A_{id}^h}\right)=(\chi_i^h)^{(\sigma_i-1)/\sigma_i\theta_i}\left(\frac{f_{ix}}{f_i}\right)^{1/\sigma_i} \tag{4.18}$$

其中,$\chi_i^h=\dfrac{M_{ix}^h}{M_i^h}$,$0<\dfrac{\sigma_i-1}{\sigma_i\theta_i}<1$。

所以,出口对国内需求替代参数比率,等于相对出口种类的正幂值,再由一个包括固定成本的项调整后的值。这意味着,相对出口种类χ_{it}^h可以用来代替相对替代参数(A_{idt}^h/A_{ixt}^h)。将公式(4.18)代入公式(4.17)中,我们得到:

$$\frac{\psi_i(A_{idt}^h,A_{ixt}^h)}{\psi_i(A_{idt}^F,A_{ixt}^F)}=\frac{A_{idt}^h}{A_{idt}^F}\left(\frac{\chi_{it}^h}{\chi_{it}^F}\right)^{[(\sigma_i-1)/\sigma_i\theta_i]W_{it}^h} \tag{4.19}$$

公式(4.19)中的因式就是这个理论所带给我们的,为了度量这个公式,我们依赖于两个假设。第一,我们没有度量公式(4.17)中各个部门的国内替代参数A_{idt}^h的数据,而且,我们假设它们是用国家价格水平P_t^h加上部门误差项反映的:

$$\ln\left(\frac{A_{idt}^h}{A_{idt}^F}\right)=\ln\frac{P_t^h}{P_t^F}+u_{1it}^h \tag{4.20}$$

公式(4.20)的简化,是根据在完全竞争条件下,价格是GDP函数中的通常所用的自变量,所以,我们利用价格替代国内替代参数,尽管价格是用国家(而不是部门)水平度量的。

第二,我们将度量国家h相对于国家F的出口种类,即(M_{ixt}^h/M_{ixt}^F)。与此不同,公式(4.18)中的项$(\chi_{it}^h/\chi_{it}^F)$是国家$h$的出口种类相对于国内种类,与国家$F$的对比。我们仍然没有数据可供度量国内产品种类,所以,我们将采用出口种类来代替出口/国内种类:

$$\ln\left(\frac{\chi_{it}^h}{\chi_{it}^F}\right)=\ln\left(\frac{M_{ixt}^h}{M_{ixt}^F}\right)-u_{2it}^h \qquad (4.21)$$

其中，$u_{2it}^h=\ln(M_{it}^h/M_{it}^F)$ 是遗漏的国内产品种类。

将公式(4.20)和公式(4.21)代入公式(4.18)，我们得到部门的 CES 函数：

$$\ln\left[\frac{\psi_i(A_{idt}^h,A_{ixt}^h)}{\psi_i(A_{idt}^F,A_{ixt}^F)}\right]=\ln\left(\frac{P_t^h}{P_t^F}\right)+\frac{\sigma_i-1}{\sigma_i\theta_i}W_{it}^h\left(\frac{M_{ixt}^h}{M_{it}^F}\right)+u_{1it}^h-\frac{\sigma_i-1}{\sigma_i\theta_i}W_{it}^hu_{2it}^h$$

$$(4.22)$$

对 F 国的份额方程(4.17)式做差分，并利用公式(4.22)，我们得到：

$$s_{it}^h=s_{it}^F+\sum_{j=1}^{N}\rho_j\gamma_{ij}W_{jt}^h\ln\left(\frac{M_{jxt}^h}{M_{jxt}^F}\right)+\gamma_{iN+1}\ln\left(\frac{\psi_{N+1t}^h/P_t^h}{\psi_{N+1t}^F/P_t^F}\right)$$

$$+\sum_{k=1}^{K}\varphi_{ik}\ln\left(\frac{\upsilon_{kt}^h}{\upsilon_{kt}^F}\right)+\varepsilon_{it}^h \qquad (4.23)$$

其中，$\rho_j=(\sigma_j-1)/\theta_j\sigma_j$，以及公式(4.23)中的误差 ε_{it}^h 由误差$(u_{1it}^h-\rho_jW_{it}^hu_{2it}^h)$ 乘以 γ_{ij} 并将所有部门 $j=1,\cdots,N$ 的值加总。注意，公式(4.23)中国家价格水平平减了非贸易价格 ψ_{N+1t}^h，但是另一方面，如果利用 $\sum_{j=1}^{N+1}\gamma_{ij}=0$ 的话，它就不会出现。

份额方程(4.23)的一个问题是，参数 $\rho_j=(\sigma_j-1)/\theta_j\sigma_j$ 不能明确地和超对数参数 γ_{ij} 区分开来。为了克服这个问题，我们将国家层级的生产力方程与各部门的份额方程联立起来估计，通过对国家 F GDP方程进行差分得到：

$$\ln\left(\frac{R_t^h(\psi_t^h,V_t^h)}{R_t^F(\psi_t^F,V_t^F)}\right)=\alpha_0^h+\beta_{0t}+\sum_{i=1}^{N+1}\frac{1}{2}(s_{it}^h+s_{it}^F)\ln\left(\frac{\psi_{it}^h}{\psi_{it}^F}\right)$$

$$+ \sum_{k=1}^{M} \frac{1}{2}(s_{kt}^h + s_{kt}^F)\ln\left(\frac{\upsilon_{kt}^h}{\upsilon_{kt}^F}\right) \qquad (4.24)$$

公式(4.24)等号的右边是国家和时间固定效应,加上相对价格的份额权重指数,再加上相对禀赋份额权重指数。[1] 这些项给出了相对 GDP 的价格和要素禀赋的分解形式。[2]

我们可以通过移动要素禀赋和非贸易价格到等号左边来简化公式(4.24),并利用公式(4.22),来获得国家生产力作为应变量:

$$TFP_t^h \equiv \ln\left(\frac{RGDP_t^h}{RGDP_t^F}\right) - \sum_{k=1}^{K} \frac{1}{2}(s_{kt}^h + s_{kt}^F)\ln\left(\frac{\upsilon_{kt}^h}{\upsilon_{kt}^F}\right)$$

$$- \frac{1}{2}(s_{N+1t}^h + s_{N+1t}^F)\ln\left(\frac{\psi_{N+1t}^h/P_t^h}{\psi_{N+1t}^F/P_t^F}\right) = \alpha_0^h + \beta_{0t}$$

$$+ \sum_{i=1}^{N} \frac{1}{2}(s_{it}^h + s_{it}^F)\rho_i W_{it}^h \ln\left(\frac{M_{ixt}^h}{M_{ixt}^F}\right) + \varepsilon_t^h \qquad (4.25)$$

其中,实际 GDP 为 $RGDP_t^h = R_t^h(\psi_t^h, V_t^h)/P_t^h$。式(4.25)左边为国家 h 和国家 F 全要素生产率(TFP)的差别,其中有对非贸易商品价格的调整。这些不同国家之间的 TFP 差,取决于右边的出口种类的差别,加上从部门误差 ε_{it}^h 得到的误差项。

再次度量出口种类

芬斯特拉和纪(Feenstra and Kee,2008)用对出口种类的度量,拓展了赫梅尔斯和科莱诺(Hummels and Klenow,2005)所发展的广延边

---

① (4.24)式中国家的固定效应和时间趋势实际上应该是国家 h 和国家 F 相对应的国家固定效应或时间趋势的差异。

② 对(4.24)式的分解是对 Diewert 和 Morrison(1986)一书中结论的一个特例,Feenstra(2004,附录 A,定理 5)中对此做了概括。

际,后者在不同国家之间是一致的,但是前者的拓展使得它在不同时间也是一致的。为了发展它们对出口种类的度量,我们些许改变了标识,不再用部门 i 的连续产出 φ_i 来指数化价格,而是用离散变量 $j \in J_{it}^h$。然后,用 $p_{it}^h(j)$ 来表示国家 h 在 t 年部门 i 的种类 j 的出口价格,$q_{it}^h(j)$ 表示数量。

假设国家 h 和国家 F 的出口集是不同的,但是它们有一些相同的产品种类。将这个共同集合记做 $J \equiv (J_{it}^h \bigcap J_{it}^F) \neq \varnothing$。根据我们在本章开始的讨论,国家 h 的出口种类的倒数为:

$$\lambda_{it}^h(J) \equiv \frac{\sum_{j \in J} p_{it}^h(j) q_{it}^h(j)}{\sum_{j \in J_{it}^h} p_{it}^h(j) q_{it}^h(j)} \qquad (4.26)$$

那么,比率 $[\lambda_{it}^F(J)/\lambda_{it}^h(J)]$ 就度量了国家 h 相对于国家 F 的出口种类。它随着从国家 h 出口的商品种类的增加而增加,并随着从国家 F 出口商品种类的增加而减少。我们用 $[\lambda_{it}^F(J)/\lambda_{it}^h(J)]$ 来代替公式(4.23)和公式(4.25)中的 (M_{ixt}^h/M_{ixt}^F)。根据芬斯特拉和纪(Feenstra and Kee,2008),我们用国家对美国的出口来度量比率 $[\lambda_{it}^F(J)/\lambda_{it}^h(J)]$。特别地,对 1980 年到 1988 年,我们采用 7 位 TSUSA 编码分类;对于 1989 年到 2000 年,我们采用 10 位 HS 编码分类。

为了度量比率 $[\lambda_{it}^F(J)/\lambda_{it}^h(J)]$,我们需要一个一致的对比国 F。如同赫梅尔斯和科莱诺(Hummels and Klenow,2005),我们用全球所有国家对美国的总出口作为对比。此外,我们加总任意年份的所有售出商品,并对每个产品的实际出口销售根据年份进行平均。将这个对比国记做 F,那么,集合 $J_i^F = \bigcup_{h,t} J_{it}^h$ 就是美国的部门 i 所有年份进口种类的总集,$p_i^F(j) q_i^F(j)$ 为产品 j 的平均实际进口价值(对所有资源国进行加总,并对不同年份进行平均)。

那么,将国家 $h=1,\cdots H$ 与国家 F 进行比较,很明显,出口商品的共同集合为 $J \equiv J^h_{it} \cap J^F_i = J^h_{it}$,或者简单地说,就是国家 h 出口的商品集合。所以,通过公式(4.26),我们得到 $\lambda^h_{it}(J)=1$,并且国家 h 的出口种类为:

$$\Lambda^h_{it} \equiv \frac{\lambda^F_{it}(J)}{\lambda^h_{it}(J)} = \frac{\sum_{j \in J^h_{it}} p^F_i(j)q^F_i(j)}{\sum_{j \in J^F_i} p^F_i(j)q^F_i(j)} \tag{4.27}$$

注意,(4.27)式中对不同时间或不同国家的出口种类的度量,仅仅取决于等号右边的分子,那个国家售出商品集合的变化,J^h_{it}。分母上的值在不同国家和时间上保持不变。所以,(4.27)式对出口产品种类的度量,在不同国家之间和不同时间上,都是一致的。通过对所有年份,以及所有出口来源国的美国进口产品进行加总,我们得到在这两个方面的一个一致的比较。

表 4.4 中,提供了对式(4.27)中出口种类度量的总结数据。它与出口国的实际 GDP——显示在表 4.4 的第三行,有着明显的相关性。我们在表 4.4 中还给出了 1980 年、1988 年、1989 年和 2000 年每个部门的出口种类。由于 US 进口分类数据来源存在从 TSUSA 到 HS 分类的改变,1988 年到 1989 年,出口种类有一个非连续型的下降。考虑 1980 年到 1988 年和 1989 年到 2000 年的出口种类增长率,平均增长率为每年 3.3%,意味着,出口种类在过去的 20 年间增长了 1.9 倍。平均增长率和总增长率显示在表 4.4 的最后几行,并且在农业、木材和造纸业、采矿和金属业增长率较低,在电子行业则较高。

表4.4 出口种类汇总统计

	Overall industry	农业	纺织和服装业	木材和造纸业	石油和塑料业	采矿和金属业	机械和运输业	电子商业
均值	34.2	27.8	47.6	37.9	31.6	25.1	26.0	37.4
标准差	19.1	14.4	22.6	21.0	26.4	19.9	23.6	23.3
与GDP的相关度	0.54	0.35	0.42	0.49	0.31	0.59	0.59	0.44
1980年	25.1	26.1	29.8	28.0	22.3	21.7	19.2	27.0
1988年	32.2	30.7	37.4	31.6	41.4	23.0	18.1	34.7
1989年	30.5	23.4	50.9	38.8	30.1	22.4	25.5	27.5
2000年	44.3	27.5	61.1	45.9	37.2	29.1	36.6	51.8
1980—1988年年均增长	3.1	2.0	2.9	1.5	7.8	0.8	−0.7	3.1
1989—2000年年均增长	3.4	1.5	1.7	1.5	1.9	2.4	3.3	5.7
平均增长	3.3	1.7	2.2	1.5	4.4	1.7	1.6	4.6
2000年种类/1980年种类	1.9	1.4	1.5	1.4	2.4	1.4	1.4	2.5

注:(1)与出口种类实际GDP相关性是针对不同国家和不同年之间计算的。

(2)出口种类1988年到1989年之间下降,是由于美国进口分类从TSUSA分类改变为HS分类。

(3)年均增长是作为种类对数差异计算的,并除以区间中的年份数。

(4)平均增长=[(1980—1988年年均增长)×8.5+(1989—2000年年均增长)×11.5]/20。因为没有观察到出口种类增长的数据,这个计算将总平均增长作为1988—1989年的增长。

(5)(2000年种类/1980年种类)=exp(平均增长×20)。

资料来源:Feenstra and Kee,2008.

估计结果

表 4.5 给出了式(4.23)和式(4.25)联立方程的非线性合回归的结果,它们是采用三阶段最小二乘回归(3SLS)[①]进行估计的。表中第(1)—(7)列是每个部门份额的方程的估计系数,最后一列则是 TFP 方程的估计系数。

表 4.5 第(1)—(7)列给出了系数 γ_{ij} 的估计值;它们是表 4.4 的行中所列示产业的出口种类变化,而产生的对表 4.4 的列中所列示产业份额的局部价格效应。所有的自我价格(own price)效应 γ_{ij} 都是正的,而且大部分都是显著的。换句话说,这些产业的供给曲线斜率为正。表 4.5 中第(1)—(7)列的底部代表了禀赋对每个产业份额的 Rybczynksi 效应。[②] 正的点估计值表明由于禀赋的增加而导致的产业份额的扩张。例如,一国劳动要素禀赋相对于土地禀赋的增加有利于其电子产业的发展。

表 4.5 中第(8)列的上半部分代表的是对每一部门 $\rho_i = (\sigma_i - 1)/\theta_i \sigma_i$ 的 3SLS 估计。所有的点估计值都是正的,而且小于 1,表明替代弹性大于 1。ρ_i 值最大的产业为电子产业,紧接着是基本金属及采矿业、机

---

① 表 4.5 中使用的工具变量包括美国服装和纺织品关税,它随着来源国和时间的变化不断改变,一个贸易协议 NAFTA 的虚拟变量,出口国与美国之间的距离及其平方(以千米计算)以及相对资源禀赋。我们没有包括运输到美国期间的运输成本,因为这会存在潜在的内生性问题。

② GDP 方程对禀赋而言是一阶齐次的,市场份额等式零阶齐次的,因此,禀赋会以劳动土地比率和资本土地比率出现在第 1 列至第 7 列。式(4.25)中国家的全要素生产力函数中,禀赋以应变量的形式出现在等式的左边。芬斯特拉和纪(Feenstra and Kee,2008)对该方程稍微作了调整,使得一些有关禀赋的项出现在等式右边,见第 8 列下部。

表 4.5 份额估计与 TFP 方程

因变量	(1) 农业	(2) 纺织和服装业	(3) 木材和造纸业	(4) 石油和塑料业	(5) 基本金属和采矿业	(6) 机械和运输业	(7) 电子业	(8) 调整后的 TFP
农业	0.158***	-0.122*	-0.075**	0.070***	0.003	0.020*	-0.052***	0.206***
	(0.059)	(0.069)	(0.033)	(0.022)	(0.015)	(0.011)	(0.011)	(0.049)
纺织和服装业	-0.122*	0.312***	-0.025	-0.098**	0.084**	-0.176***	0.031	0.333***
	(0.069)	(0.112)	(0.065)	(0.040)	(0.033)	(0.025)	(0.020)	(0.051)
木材和造纸业	-0.075**	-0.025	0.063	0.002	-0.063**	0.125***	-0.030**	0.667***
	(0.033)	(0.065)	(0.059)	(0.030)	(0.025)	(0.017)	(0.014)	(0.059)
石油和塑料业	0.070***	-0.098**	0.002	0.052**	0.008	0.019**	-0.049***	0.209***
	(0.022)	(0.040)	(0.030)	(0.022)	(0.013)	(0.009)	(0.011)	(0.029)
基本金属和采矿业	0.003	0.084**	-0.063**	0.008	0.028	-0.058***	0.000	0.785***
	(0.015)	(0.033)	(0.025)	(0.013)	(0.017)	(0.011)	(0.008)	(0.061)
机械和运输业	0.020*	-0.176***	0.125***	0.019**	-0.058***	0.056***	0.011	0.726***
	(0.011)	(0.025)	(0.017)	(0.009)	(0.011)	(0.009)	(0.008)	(0.047)
电子业	-0.052***	0.031	-0.030**	-0.049***	0.000	0.011	0.090***	0.791***
	(0.011)	(0.020)	(0.014)	(0.011)	(0.008)	(0.007)	(0.010)	(0.039)

出口集中度的外生变量

因变量	(1) 农业	(2) 纺织和服装业	(3) 木材和造纸业	(4) 石油和塑料业	(5) 基本金属和采矿业	(6) 机械和运输业	(7) 电子业	(8) 调整后的TFP
劳动土地比率	0.001	-0.015***	0.012***	0.004***	-0.006***	0.005***	0.006***	0.643***
	(0.001)	(0.003)	(0.002)	(0.001)	(0.001)	(0.001)	(0.001)	(0.046)
资本土地比率	-0.004***	0.007***	-0.005***	-0.001	0.003***	0.003***	0.003***	-0.109***
	(0.001)	(0.003)	(0.002)	(0.001)	(0.001)	(0.001)	(0.001)	(0.037)
非贸易品价格								0.250***
								(0.016)
年份固定效应	是	是	是	是	是	是	是	是
国家固定效应								是
R 平方	0.1359	0.0003	0.0219	0.0436	0.0297	0.1749	0.5849	0.8993

注:因变量:第(1)列至第(7)列为产业份额,第(8)列为调整的TFP。估计方法:非线性三阶段最小二乘估计。整个方程组的观察值总数:4256。

每个方程组的观察值:532。

(1)*、**和***分别表示在90%,95%和99%的置信区间下的显著程度,括号中数据为White-robust标准误。

(2)第(1)列至第(7)列中,每一行的出口种类对数的系数是对其在列上和那一行的产业的份额效应。这些是 γ_{ij} 的点估计值。自我价格效应是用黑体表示的。

(3)第(8)列中,每一行的产业对应的(对数)出口种类对数的系数是对那个产业 ρ_i 的点估计。

a. 对于第(8)列,每一行的产业对应的相对土地面积。

资料来源:Feenstra and Kee,2008.

械和运输业,所以这几个部门的出口种类的增加,对国家生产力的提升贡献最大。ρ_i 值最小的产业是农业和石油以及塑料产业,所以出口种类对国家生产力的贡献很小。鉴于我们不能将替代弹性 σ_i 和帕累托参数 θ_i 各自区分开来,这些发现的一个解释是,农业和石油业在企业生产率上离散度很小(高 θ_i),与例子中的结果近似。基本金属及采矿业、机械和运输业 ρ_i 值高,是由于生产率的离散度很大(低 θ_i),这些解释看起来也是合理的。

生产力分解

为了更多地了解出口种类与国家生产力之间的关系,芬斯特拉和纪(Feenstra and Kee,2008)根据估计的生产力对出口种类进行了面板回归(建立在表4.5的估计基础上)。

在回归中加入国家和时间的固定效应,在表4.6中我们可以看到每一个自变量(回归元)可以解释的TFP的波动(即它的方差)。在总体样本中,出口种类能够解释1%的一国TFP的波动,以及能解释31.1%的国内TFP的波动,但是仅仅0.3%的国家之间TFP波动。这样,随着时间的变化,出口种类就和国家TFP的变化紧密相关了,但是它仅仅极小地解释了国家之间TFP的变化。如果我们仅仅研究OECD国家,那么这个结果继续保持成立(采用和表4.5中相同的参数估计值)。在这种情况下,出口种类解释了一国总的TFP波动的6.2%,以及国内TFP波动的52.2%,但是仅仅解释了国家之间TFP波动的3.3%。

表 4.6　生产率分解

	总波动(%)		国家间波动(%)		国家内波动(%)	
	全样本	OECD国家	全样本	OECD国家	全样本	OECD国家
估计的全要素	0.636	0.303	0.653	0.298	0.045	0.033
生产力方差	(100)	(100)	(100)	(100)	(100)	(100)
被国家固定效应解释的	0.511	0.177	0.590	0.222		
部分	(80.3)	(58.3)	(90.4)	(74.3)		
被平均品种数解释的	0.006	0.019	0.002	0.010	0.014	0.017
部分	(1.0)	(6.2)	(0.3)	(3.3)	(31.1)	(52.2)

资料来源:Feenstra and Kee,2008.

为了更好地证明出口种类对国家生产力的影响,根据(4.25)式,每个产业的出口种类每增加 1 个百分点,国家生产力将增加 $1/2(s_{it}^h + s_{it}^F)\rho_i W_{it}^h$ 个百分点。这样,我们就可以推断,在样本平均值周围,如果所有产业的出口种类都翻倍,那么国家生产力将上升 3.6%。这个影响不论是在统计学上,还是在经济学上都是很显著的。它意味着 1980 年到 2000 年出口种类 1.9 倍的扩张,解释了出口国生产力 3.3% 的增长。回想一下,平均出口种类自身也以每年 3.3% 的速度在增长。所以根据经验法则,我们的估计表明,过去 20 年出口种类持续的每年 $x\%$ 的增长,将导致出口国整体生产力在这 20 年间总共 $x\%$ 的提高。这是生产力内生性增长部分的估计,与垄断竞争模型的结果是一致的。

出口种类和国家生产力的时间序列关系,可以在图 4.1 和图 4.2 中看到。图 4.1 和图 4.2 将 1998—2000 年加拿大与样本均值的生产力和平均出口种类进行了比较。相对出口种类指数是用纵轴左边的刻度来衡量的,相对国家 TFP 指数则是用右边的刻度衡量的。可以清楚地看到,这两个序列是紧挨在一起移动的。在加拿大—美国自由贸易协定签订后的第二年——1989 年,加拿大对美国出口种类以及 TFP 都有所提高,但是之后它对其他国家的两个指数都下降了。图 4.2 对比了日本和韩国。与图 4.1 相似,平均出口种类是用左边刻度衡量的,而日本相对韩国的生产力则是用右边的刻度衡量的。两条线的移动表明:在过去 20 年间,韩国不论是在出口种类,还是在国家生产力上,都在逐渐赶上日本。

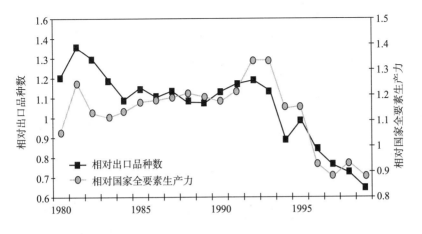

图 4.1 加拿大与样本均值对比

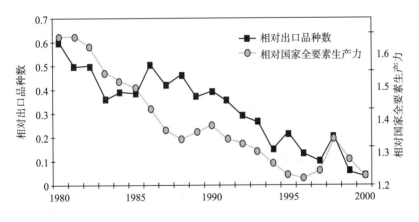

图 4.2 日本与韩国对比

结论

异质性企业的垄断竞争模型（Melitz, 2003）强调了生产力对于自我选择的出口方而言是内生性的：出口方相对于国内企业来说，平均生产效率更高，所以出口活动的增加是与生产力的上升联系在一起的。

本章,我们尝试着利用不同国家和时间的 GDP 函数来估计出口种类与生产力之间的关系,表明了出口种类的 CES 测度,在 GDP 函数中更像是一个部门的"价格"。我们将出口种类当做一个内生变量,工具变量则使用那些梅里茨(Melitz,2003)所建议的:关税、贸易协定,以及距离。

我们所采用的出口种类的测度对不同国家和时间都是一致的。它表明:美国在 1980—2000 年间,出口种类平均每年以 3.3%的速度增长。相应地,出口国家的生产力在过去的 20 年也增长了 3.3%。这个估计高于美国在 1972—2001 年间由于进口种类增加而导致的生产力的增长,根据布洛达和韦恩斯坦(Broda and Weinstein,2006)的研究,这 30 年间的增长相当于 2001 年 GDP 的 2.6%。我们的估计可以用出口国生产力内生性增长的部分来解释(有一个缺陷:种类自身的增长并没有被关税减免很好地解释)。总的说来,模型能够解释国内生产力变化的 31.1%(或者对于 OECD 国家来说是 52.2%),但是仅仅极小地解释了国家之间的变化。我们推断,在具有异质产品的垄断竞争模型中,出口种类在计算生产力的时间序列变化的时候是很有效的,但是,在解释不同国家之间生产力时并不是那么显著。

附录 4   测度广延边际的 STATA 步骤

下列代码作者是马弘。这些代码计算了出口和进口的广延边际,并纠正了赫梅尔斯和科莱诺(Hummels and Klenow,2005)在计算不同国家权重时错误的代码。

```
set mem 900m;
log using exp_ext_margin.log, replace;
* calculate the cross-section measurement of
extensive margin of exports for each year,
1988-2005.;
* use import data;
* Based on Hummel and Klenow 2005 AER paper;
* user-specified folder;
 forvalues yr=1988/2005{;
 use year`yr'.dta;
 sum;
 drop if exporter=="WLD";
* we drop the obs if tradevalue is too low,
<5,000;
 drop if tradevalue<5;

 collapse (sum) tradevalue, by (importer exporter hs6
year);
 sum;
* PROC: calculate export extensive margins for
each country pair;
 sort importer exporter hs6;
* h's export to j in each particular category ;
 rename tradevalue exp_h2j_prod;
* world's exports to j in each product category;
 egen exp_w2j_prod = sum(exp_h2j_prod),
by(importer hs6);
 *gen exp_row2j_prod = exp_w2j_prod-exp_h2j_prod;
* h's total exports to country j;
egen exp_h2j = sum(exp_h2j_prod), by(importer
exporter);
* world's total exports to j, over all categories
defined by the particular country pair hj;
 egen exp_w2j_hj = sum(exp_w2j_prod), by(importer
exporter);
* total exports to j, over all observable
categories that world has positive exports to j;
 egen exp_w2j_tot = sum(exp_h2j_prod),
by(importer);
* net off export value from h to j;
```

```
* gen  exp_row2j_tot = exp_w2j_tot-exp_h2j;
* drop if exp_row2j_tot==0;
* bilateral extensive margin of export;
 gen EM_hj = exp_w2j_hj / exp_w2j_tot;
 drop if EM_hj == 0;
 gen ln_EM_hj = ln(EM_hj);
* intensive margins;
 gen IM_hj = exp_h2j / exp_w2j_hj;
 gen ln_IM_hj = ln(IM_hj);

* PROC: summarize each exporter's multilateral
extensive margins using geometric mean with
logarithmic mean as weights;
* exports of h to the world;
 egen exp_h2w = sum(exp_h2j_prod), by (exporter);

 gen share_h2j = exp_h2j / exp_h2w;
* the total wtf to the markets of exporter h, but
note the markets of h might not be the whole
world;
 egen exp_w2w = sum(exp_w2j_prod), by (exporter);
 gen share_w2j = exp_w2j_tot/exp_w2w;
* each country-pair has a particular numerator,
but each country-pair bears multiple categories;
 gen numerator=(share_h2j-share_w2j)/(ln(share_h2j)-
ln(share_w2j));
   collapse (mean) year EM_hj ln_EM_hj share_h2j
share_w2j numerator, by (importer exporter);
   egen denominator = sum(numerator), by
(exporter);
* importance weights for each country-pair;
 gen alpha_hj = numerator / denominator;
 gen term = alpha_hj*ln_EM_hj;
 egen ln_ext_margin = sum(term), by (exporter);
 gen ext_margin = exp(ln_ext_margin);
 collapse (mean) year ext_margin, by (exporter);
 rename ext_margin EM`yr';
 drop year;
 save D:\HS6data\cross_section\ext_margin`yr'.
dta, replace;
   };
```

```
* summarize the results;
* initilize the summary table;
use ext_margin1988.dta;
sort exporter;
save ext_margin_all.dta, replace;
forvalues yr=1989/2005{;
use ext_margin_all.dta;
sort exporter;
save, replace;
use ext_margin`yr'.dta;
sort exporter;
merge exporter using ext_margin_all.dta;
drop _merge;
save ext_margin_all.dta, replace;
sum;
};
use ext_margin_all.dta, clear;
sort exporter;
save ext_margin_all.dta, replace;
log close;
* END of Program;
```

☰ 第 5 章 产品种类与实际 GDP 的度量

　　本章我们将采用一个新的方法,度量由于进出口种类(借鉴 PWT)的变化而导致的实际 GDP 的增长。我们的目标是,从一个涵盖广泛的国家样本中,来度量它们从进出口种类中的获益数量。本章的计算,一方面是对第 2 章和第 3 章末尾依据进出口份额的简单公式的补充;另一方面也是对第 4 章 GDP 函数的估计。我们现在想要得到的是,在贸易对实际 GDP 的实际影响的基础上,对贸易收益的直接度量,然后,将这种度量与之前所用的份额公式进行比较。

　　为了做这个计算,我们依赖于芬斯特拉等人(Feenstra et al., 2009)最近的分析,他的分析表明了,如何运用进出口价格数据,来区分两种类型的实际 GDP:消费方面的实际 GDP——度量国家生活水平,并且包括贸易条件对福利的贡献度,以及生产方面的实际 GDP——度量国家生产力,并且排除了贸易条件的贡献。PWT 度量了基准年第一种类型的实际 GDP,反映了生活水平。然而芬斯特拉等人(Feenstra et al., 2009)则是表明了,生产方面的实际 GDP 同样也可以建构。我们大概描述了他们的研究结果,并在贸易条件中加入了进出口种类的贡献,将其一般化。在度量一个部门的进口价格时,我们将使用进口的单位价值,并根据进口的广延边际对其进行调整,即:调整至我们第 2 章中的分析中得到的幂 $-1/(1-\sigma_i)$。同理,在度量一个部门的出口价格时,我们将使用单位价值,并根据出口的广延边际,将其调整至我们在第 3 章和

第 4 章中分析得到的幂$(\sigma_i-1)/\sigma_i\theta_i$。然后，广延边际成为国家贸易条件的部分，并将影响实际 GDP。

我们在芬斯特拉等人(Feenstra et al.，2009)的基础上，进一步定义两个实际 GDP 的差——消费方面和生产方面——等于贸易收益。要强调一点，鉴于我们并不是试图找出封闭经济的均衡模型，所以这种度量方法并不是将贸易收益与封闭经济相比较。事实上，在本章，一国贸易收益的增加(或减少)，源于其贸易条件与我们所选择的对比国相比有所改善(或恶化)。我们的目标是，考察贸易收益是否因为这样定义，贸易收益的度量是否因为考虑或不考虑产品种类的变化，而提供一个有用的工具来评估贸易对实际 GDP 的贡献度。

我们注意到，用贸易的广延边际来纠正进出口价格的想法，之前已经被其他作者使用过。比如，加尔斯泰因和莱恩(Galstyan and Lane，2008)已经将传统贸易条件与用产品种类修正后的条件进行比较，并研究了在动态经常账户不平衡中广延边际所扮演的角色。沿着这条思路，科拉塞利(Colacelli，2009)同样也研究了广延边际和集约边际对实际汇率波动的反应。但是，本章是第一次有意识地利用实际 GDP 的替代概念——消费方面和生产方面，将贸易条件的有利影响，特别是，将产品种类对贸易条件和国家福利的影响分离出来。

实际 GDP 的概念

PWT 给出了各国之间实际 GDP 的比较图，并将其转化为统一货币。为了更详细地解释 PWT 度量的究竟是什么，我们需要将两个实际 GDP 的概念区别开来。第一个可以叫做支出法实际 GDP，用来度量一国代表性消费者的生活水平。这也是 PWT 中实际 GDP 度量的目标,至少在基准年是这样。第二个叫做产出法实际 GDP,用来度量一国的生产可能性。尽管许多研究者都选择使用 PWT 中的实际 GDP 来度量一国产量,但是对于这个目的来说,这个选择并不合适。当采用支出法和产出法得出的名义 GDP 相同时,实际 GDP 的大小就不应该是相同的。事实上,两个实际 GDP 概念的差别在于国家在全球市场上开展贸易的机会。拥有更好的贸易机会的国家,支出法实际 GDP 应该大幅高于产出法实际 GDP,对于贸易机会较差的国家来说,反之。

支出法实际 GDP 与产出法实际 GDP 的差别,可以用图 5.1 中两国经济的简单图来表示。我们假设,生产可能性边界会由于技术的改变而向外移动。在价格不变的条件下,产量将从点 A 增长到点 B。但是,假设由于商品 1 供给的增加,其相对价格下降,新的价格为曲线 $p_3 p_3$ 的斜率。产量将从 B 移动到 B'。从图 5.1 中我们可以看到,预算线 $p_1 p_1$ 和 $p_3 p_3$ 都和无差异曲线 U 相切,切点分别为 C 和 D,表示代表性消费者的效用没有改变。

在我们已经说明的情况中,产量点 A 和 B' 在同一条从原点出发的射线上,所以两种商品的相对产量并没有改变。这意味着,任何实际产量指数都可能是相同的,并且可能直接等于 $OB'/OA > 1$,这是两种商品产量的同比例增长。这是用产出法度量的实际 GDP 的增长。

现在考虑一个不同的问题,看看在图 5.1 无差异曲线 U 中,代表性消费者的福利发生了什么变化。我们可以看到,消费在两个价格上的效用相同,所以说,消费者福利的确切度量,或者说是支出法实际 GDP 并没有改变。这是由出口商品 1 的价格下降导致的。支出法实际 GDP 的变化,可以用确切消费价格指数平减的

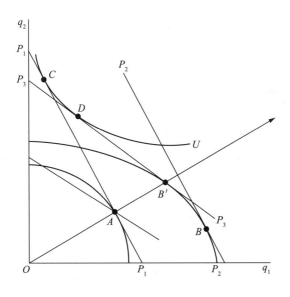

图 5.1 实际 GDP 的度量

名义支出的变化来衡量,其中指数中使用的是消费数量,而不是产品数量。很明显,这其中的区别在于进出口,对于产品数量而言,我们需要包括所有的中间投入品和它们的价格。

联合国 1993 年国民经济核算体系(SNA),对支出法 GDP 和产出法 GDP 的差别进行了定义。前者被称为实际国内总收入(GDI),后者为实际 GDP。实际 GDI 的一个定义[①]是:

$$实际 GDI = 名义 GDP / 国内吸收的物价指数 \qquad (5.1)$$

相对于:

$$实际 GDP = 名义 GDP/GDP 价格指数 \qquad (5.2)$$

---

① 见 http://unstats.un.org/unsd/sna1993/introduction.asp,段落 16.154. 实际 GDI 的另外一个定义是依赖于用于 $X-M$ 的平减指数。同样的概念在美国被称为"指令依据"实际 GDP。

当然,名义 GDP 是贸易平衡($X-M$)调整后的国内吸收($C+I+G$)。(5.1)式中"国内吸收价格指数"由($C+I+G$)的组成部分构建。如果这个价格指数不包括进出口价格,那么贸易条件的改变(影响名义 GDP)将会反映在实际 GDI 上。例如,贸易条件的改善将会导致实际 GDI 比实际 GDP 增长更快。(Kohli,2004)已经证明,这个模式适用于 1980 年到 1996 年的瑞士,在此期间瑞士贸易条件有所改善。

实际 GDI 和实际 GDP 之间的差别,类似于本章我们将要研究的内容,但是我们将从不同国家而不是不同时间来看。我们将避免使用"实际 GDI"这种说法,因为它暗示了用收入法来测量 GDP(即增加收入因素),这不是我们现在所使用的方法。相反,我们利用实际国内总支出(RGDE)来反映像公式(5.1)中的支出法概念。然后,我们将用实际国内总产出(RGDO)项来表示产出法实际 GDP,类似于公式(5.2)。我们现在考虑如何用多国数据度量这些概念。

实际 GDP 的度量

假设有 $i=1,\cdots,M$ 种最终产品,其中产品 1 到 M_0 是非贸易产品。这些最终产品可能同样可以用做中间投入品,并且还有其他 $i=M+1,\cdots,M+N$ 种产品只能用做中间投入品;为了方便起见,我们将这些产品都看作是可以在国际间进行贸易的。对于每一个国家 $h=1,\cdots,H$,将最终产品需求记做 q_i^h,中间投入品需求记做 z_i^h,产出记做 y_i^h,出口为 x_i^h,进口为 m_i^h,对于所有的 $i=1,\cdots,M+N$。我们假设这些数量都是非负的,但是许多可以为 0:特别地,中间投入品 $i = M+1, \cdots, M+N$ 的 $q_i^h = 0$,以及非贸易产品 $i = 1, \cdots, M_0$ 的 $x_i^h = m_i^h = 0$。国家 h 的总需求为 $q_i^h + x_i^h + z_i^h$,总供给为 $y_i^h + m_i^h$。因此,供给和需求的均衡为:

$$q_i^h + x_i^h + z_i^h = y_i^h + m_i^h, i = 1, \cdots, M+N \qquad (5.3)$$

重新整理各项,我们得到:

$$q_i^h + x_i^h - m_i^h = y_i^h - z_i^h, i = 1, \cdots, M+N \qquad (5.4)$$

其中,将 $y_i^h - z_i^h$ 看作每一个产品的"净产出",即总产品减去中间投入品的需求。

对公式(5.4)左右两边同时乘以价格,并对产品 $i = 1, \cdots, M+N$ 进行加总,名义 GDP 要么可以用支出法衡量——公式(5.4)等号左边——要么可以用产出法度量——公式(5.4)等号右边——其中单位为该国的国家货币。我们假设对于一个特殊产品,进出口价格与国内的产出消费价格不同。在实际中,这种价格差异也是常常发生的,这也是为什么我们在这里要把它们合并起来,而不考虑为什么价格差距拉大。我们需要将国内产出和消费的价格以及数量($p_i^h > 0, q_i^h > 0, i = 1, \cdots, M+N$),与进出口的价格和数量区分开来($p_i^{hx} > 0, q_i^{hm} > 0$)。出口价格是扣除了关税和运费的价格,即出口国的 FOB(离岸价格)价格。另外,进口价格是扣除了关税后再度量的。[①]

根据这个解释,我们让 $X^h = \sum_{i=M_0+1}^{M+N} p_i^{hx} x_i^h, M^h = \sum_{i=M_0+1}^{M+N} p_i^{hm} m_i^h$ 分别代表出口和进口的值,那么支出法名义 GDP 为:

$$GDP^h \equiv \sum_{i=1}^{M} p_i^h q_i^h + (X^h - M^h) \qquad (5.5)$$

---

① 国民核算体系建议将运输成本也从进口价格中移除,但是利用联合国数据中的单位价值是不可能的,因为进口是用 c.i.f 价格(成本、保险、运费)度量的。

利用公式(5.4)，我们可以把公式(5.5)重新写为：

$$\sum_{i=1}^{M} p_i^h q_i^h + (X^h - M^h) = \sum_{i=1}^{M+N} p_i^h \left[(y_i^h - z_i^h) - (x_i^h - m_i^h) \right]$$
$$+ \sum_{i=M_0+1}^{M+N} (p_i^{hx} x_i^h - p_i^{hm} m_i^h)$$
$$= \sum_{i=1}^{M+N} p_i^h (y_i^h - z_i^h)$$
$$+ \sum_{i=M_0+1}^{M+N} \left[(p_i^h - p_i^{hm}) m_i^h \right.$$
$$\left. - (p_i^h - p_i^{hx}) x_i^h \right] \qquad (5.6)$$

其中，第一个等号是通过对最终产品 $i=1,\cdots,M$ 代入 $q_i^h = (y_i^h - z_i^h) - (x_i^h - m_i^h)$ 得到的。对于 $i=M+1,\cdots,M+N$，中间投入品为 $q_i^h = 0$，所以 $(y_i^h - z_i^h) - (x_i^h - m_i^h) = 0$。然后，第二个等号中，对于非贸易产品 $i=1,\cdots,M_0$，$x_i^h = m_i^h = 0$。我们可以将 $(p_i^h - p_i^{hm})$ 看作进口关税(如果是负的，看做补贴)，$(p_i^h - p_i^{hx})$ 看做是出口补贴(负的则为税收)。所以第二个等号的最后加总可以解释为进口收益减去出口补贴。将这个加入到公式(5.6)给出的净产出值 $\sum_{i=1}^{M+N} p_i^h (y_i^h - z_i^h)$ 中，则产出法名义 GDP 为：

$$GDP^h = \sum_{i=1}^{M+N} p_i^h (y_i^h - z_i^h) + \sum_{i=M_0+1}^{M+N} \left[(p_i^h - p_i^{hm}) m_i^h - (p_i^h - p_i^{xh}) x_i^h \right]$$

$$(5.7)$$

很明显，这个公式等于公式(5.6)中用支出法衡量的名义 GDP。

支出法实际 GDP

PWT 中的支出法实际 GDP 是利用许多国家的数据，并根据吉尔里(Geary,1958)和卡米斯(Khamis,1970,1972)(GK)系统计算商品的平均"参考"价格。用支出法度量的最终产品的参考价格π_i^e和每个国家的购买力平价PPE^h,是通过联立方程得到的:

$$\pi_i^e = \frac{\sum_{h=1}^{H}(p_i^h/PPE)q_i^h}{\sum_{h=1}^{H}q_i^h}, i = 1,\cdots,M \tag{5.8}$$

$$PPE^h = \frac{\sum_{h=1}^{M}p_i^h q_i^h}{\sum_{i=1}^{M}\pi_i^e q_i^h}, h = 1,\cdots,H \tag{5.9}$$

在公式(5.8)中,最终产品的名义 GDP 被购买力平价进行了平减,并在不同国家之间进行了平均。购买力平价是通过公式(5.9)作为名义支出对实际支出的比得到的。其中实际支出是用参考价格估计的。公式(5.8)和公式(5.9)中 $q_i^h>0$ 和 $\sum_{h=1}^{H}q_i^h>0$ 条件,保证了 π_i^e 和 PPE^h 为正,$h=1,\cdots,H$(Prasada Rao,1971;Diewert,1999)。

从实际支出中减去 PPE 汇率平减后的贸易均衡,我们得到 PWT 中的实际 GDP,我们称其为实际国内总支出(RGDE):

$$RGDE^h \equiv \sum_{i=1}^{M}\pi_i^e q_i^h + \frac{X^h - M^h}{PPE^h} \tag{5.10}$$

注意,RGDE 的这个定义,是利用了 PWT 中的基准年份,类似于公式(5.1)中的实际 GDI。需要强调的是,(5.8)式和(5.9)式的答案并不是唯一的,对 π^e 和 $1/PPE^h$ 乘以任何一个正数,那么 $RGDE^h$ 将同样能够满足这个方程组。据此,我们必须将观察值标准化以得到一个特殊的解。根据芬斯特拉等人的研究(Feenstra et al.,2009),我们将样本中各国 RGDE 之和等同于他们采用各自名义汇率转换为美元的名义 GDP 之和。① 这是一个自然的标准化方式,并且 $RGDE$ 的国家排名与它相互独立。但是,当我们考虑产出法实际 GDP 和贸易收益的时候,这个标准化将会变得更加显著。

产出法实际 GDP 和贸易收益

不同于公式(5.10),假设我们有最终产品和中间投入品 $\pi_i^0, i=1,\cdots,M$,的参考价格,同样地,对于 $i=M_0+1,\cdots,M+N$,我们也有进出口贸易,π_i^x 和 π_i^m,的参考价格。然后考虑下面的实际国内总产出($RGDO$)的定义:

$$RGDO^h = \sum_{i=1}^{M+N} \pi_i^0(y_i^h - z_i^h) + \sum_{i=M_0+1}^{M+N} \left[(\pi_i^0 - \pi_i^m)m_i^h - (\pi_i^0 - \pi_i^x)x_i^h\right]$$

$$= \sum_{i=1}^{M+N} \pi_i^0 q_i^h + \sum_{i=M_0+1}^{M+N} (\pi_i^x x_i^h - \pi_i^m m_i^h) \tag{5.11}$$

公式中第二行是利用公式(5.4)对所有商品进行加总的结果,其中,对于非贸易最终产品 $i=1,\cdots,M_0,(y_i^h - z_i^h)=q_i^h$,中间投入品 $q_i^h=0$,所以,$(y_i^h - z_i^h)=(x_i^h - m_i^h), i=M+1,\cdots,M+N$。

公式(5.11)第一个等号与公式(5.6)对产出法名义 GDP 的度量相似,但是公式(5.11)用的是参考价格,而不是名义价格。原则上,公式(5.11)的第一个等号是建立在中间投入品(即 $\pi_i^0, i=M+1,\cdots,M+N$)的国内参考价格基础上的。但是,公式(5.11)第二个等号——用参考价格估计的贸易均衡重写的 $RGDO$,表明中间投入品的国内参考价格根本就是不必要的!本质上,采用国

① 一个可供替代的标准化是,使基准年的美国名义 GDP 等于美国实际 GDE,正如 PWT 所做的那样。

际参考价格 π_i^x 和 π_i^m，给了我们一个估计产出法 $RGDO$ 的简捷法。

为了估计公式(5.11)中所用的参考价格，考虑扩展 GK 方程组：

$$\pi_i^0 = \frac{\sum_{h=1}^{H}(p_i^h/PPO^h)q_i^h}{\sum_{h=1}^{H}q_i^h}, i = 1, \cdots, M \qquad (5.12)$$

$$\pi_i^x = \frac{\sum_{h=1}^{H}(p_i^{hx}/PPO^h)x_i^h}{\sum_{h=1}^{H}x_i^h}, i = M_0+1, \cdots, M+N \quad (5.13)$$

$$\pi_i^m = \frac{\sum_{h=1}^{H}(p_i^{hm}/PPO^h)m_i^h}{\sum_{h=1}^{H}m_i^h}, i = M_0+1, \cdots, M+N \quad (5.14)$$

$$PPO^h = \frac{GDP^h}{\sum_{i=1}^{M}\pi_i^0 q_i^h + \sum_{i=M_0+1}^{M+N}(\pi_i^x x_i^h - \pi_i^m m_i^h)}, h = 1, \cdots, H$$

$$(5.15)$$

在公式(5.12)中，我们构建了最终产品的国内参考价格，在公式(5.13)和公式(5.14)中，我们构建了出口和进口的参考价格。这些都是用来构建公式(5.15)的购买力平价 PPO——名义 GDP 与 $RGDO$ 之比。然后，结合进出口数据，我们表明最终产品数据可以用于构建产出法 $RGDO$。在较弱的附加条件下(Feenstra et al.，2009)，能够证明扩展 GK 方程组(5.12)—(5.15)的解是存在的，并且是严格正的。但是，在传统 GK 方程组的条件下，这些变量的解并不是唯一的，并且对 $\pi_i^0, \pi_i^x, \pi_i^m, 1/PPO^h$，以及 $RGDO^h$ 乘以任何正数，都能够满足公式(5.12)—(5.15)。

对扩展 GK 方程组的标准化选择，将会影响到我们对贸易收益的度量，我们将其定义为：

$$贸易收益^h = \frac{RGDE^h - RGDO^h}{RGDE^h} \qquad (5.16)$$

这个对贸易收益定义的原因是，$RGDE$ 度量的是一国生活水平的标准，而 $RGDO$ 度量的是生产可能性，所以，将两者之间的差别看做贸易收益是合理的。然而，关键是要认识到，这个定义并不是一国相对于封闭经济时的贸易收益：我们没有试图估计任何封闭经济均衡，所以我们不能度量相对于封闭经济的收益。相反地，我们考虑的是，公式(5.16)度量一国能够进行国际贸易时的价格，相对于参考价格 π_i^x 和 π_i^m 时的收益，即相对于参考价格从贸易条件中的得与失。

为了证明这个说法，我们从重写 $RGDO$，从给出它和 $RGDE$ 的明确解释开始。注意，公式(5.11)中的 $RGDO$ 可以分解为：

$$RGDO^h = \cdot \left[\frac{\sum_{i=1}^{M} \pi_i^0 q_i^h}{\sum_{i=1}^{M} p_i^h q_i^h} \right] \sum_{i=1}^{M} p_i^h q_i^h + \left[\frac{\sum_{i=M_0+1}^{M+N} \pi_i^x x_i^h}{\sum_{i=M_0+1}^{M+N} p_i^{hx} x_i^h} \right] X^h$$

$$- \left[\frac{\sum_{i=M_0+1}^{M+N} \pi_i^m m_i^h}{\sum_{i=M_0+1}^{M+N} p_i^{hm} m_i^h} \right] \tag{5.17}$$

我们定义(5.16)中出现的三个比率分别为，最终支出、出口和进口的购买力平价的倒数：

$$PPO^{hq} \equiv \left[\frac{\sum_{i=1}^{M} p_i^h q_i^h}{\sum_{i=1}^{M} \pi_i^0 q_i^h} \right], PPO^{hx} \equiv \left[\frac{\sum_{i=M_0+1}^{M+N} p_i^{hx} x_i^h}{\sum_{i=M_0+1}^{M+N} \pi_i^x x_i^h} \right]$$

且

$$PPO^{hm} \equiv \frac{\sum_{i=M_0+1}^{M} p_i^{hm} m_i^h}{\sum_{i=M_0+1}^{M} \pi_i^m m_i^h} \tag{5.18}$$

通过对公式(5.10)和公式(5.17)的对比，很明显，$RGDE$ 和 $RGDO$ 的差取决于对最终支出、出口和进口的平减：

$$RGDE^h - RGDO^h = \left(\frac{PPO^{hq}}{PPE^h} - 1 \right) \left[\frac{\sum_{i=1}^{M} p_i^h q_i^h}{PPO^{hq}} \right]$$

$$+ \left(\frac{PPO^{hx}}{PPE^h} - 1 \right) \left(\frac{X^h}{PPO^{hx}} \right)$$

$$- \left(\frac{PPO^{hm}}{PPE^h} - 1 \right) \left(\frac{M^h}{PPO^{hm}} \right)$$

$$(5.19)$$

我们会发现,在实际中,PPE^h 和 PPO^{hq} 是非常相似的,这是由于它们都是从最终支出计算出来的,但是参考价格不同。如果最终支出的两个平减指数是相等的,那么,要使得 $RGDE^h$ 大于 $RGDO^h$,要么让 $PPO^{hx} > PPE^h$,要么让 $PPO^{hm} < PPE^h$,并且两个不等式同时成立是其充分条件。为了解释这些情况,让出口价格高于它们的参考水平,进口价格低于它们的参考水平,会使 $RGDE^h$ 高于 $RGDO^h$,例如,接近出口价格更高的市场,将会出现这种情况;相反,远离进口价格高的市场,将会出现相反的情况,它会导致 PPO^{hm} 上升,并且倾向于使 $RGDE^h$ 低于 $RGDO^h$。

这个分析指导了我们对产出法方程组的标准化选择:我们将选择标准化,使得公式(5.16)中的贸易收益对于除了"参照"国之外的所有国家都是正的,其中,"参照"国的贸易收益为 0。我们选择使 $(RGDE^{h^*})/(RGDO^{h^*})$ 最小的国家 h^* 作为参照国,并且给定这个条件,我们标准化产出法方程组使得:

$$RGDE^{h^*} = RGDO^{h^*} \Rightarrow RGDE^h \geq RGDO^h \quad \text{对于所有的 } h = 1, \cdots, H$$

$$(5.20)$$

通过标准化,对于其他所有国家来说,贸易收益均为非负。我们再次强调,我们并不是在度量相对于封闭经济的贸易收益;公式(5.19)中的差度量的是能够在更好的贸易条件下进行贸易的国家 h,相对于

参照国 h^* 的收益。

合并进出口的广延边际

我们将使用标准国际贸易分类（SITC）4 位数水平的进出口单位价值，来计算 p_i^{hx} 和 p_i^{hm}。为了合并进出口种类，我们将根据公式（5.21）来调整进出口的单位价值：

$$\widetilde{p}_i^{hm} = p_i^{hm}(EM_i^{hm})^{-1/(\sigma_i-1)} \quad \text{和} \quad \widetilde{p}_i^{hx} = p_i^{hx}(EM_i^{hx})^{\sigma_i-1}/\sigma_i\theta_i$$

$$(5.21)$$

其中，EM_i^{hm} 和 EM_i^{hx} 分别是，根据每个 4 位标准国际贸易分类（SITC）的部门 i，计算的国家 h 进口和出口的广延边际。这些广延边际采用了与赫梅尔斯和科莱诺（Hummels and Klenow，2005）相同的计算方法，我们在前面的章节已经讲述过，但是，现在我们用的是 1996 年每个 4 位 SITC 部门的 HS 数据。对于每一个我们已经计算了国家之间双边进出口广延边际的部门，为了得到其广延边际的多边度量，我们对伙伴国之间进行简单平均。公式（5.21）中所用的进口公式，是根据定理 2.2 的精确价格指数得来的，将它应用于不同国家，而不是不同时期。同样地，出口公式是根据我们在第 4 章开始处从公式（4.1）到公式（4.6）的讨论得出的。

为了说明二者之间的关系，我们对每个国家的所有 SITC-4 产品的广延边际都进行了平均，图 5.2 和 5.3，说明了进口和出口的广延边际与国家之间 RGDE 的关系。很明显，经济总量更大的国家，其进口和出口的广延边际都会显著地更高。当我们把广延边际和人均 RGDE 进行比较时，我们会得到同样的关系（简洁起见，不再画图）。我们发现，更富有国家的进口和出口的广延边际也都会更高。

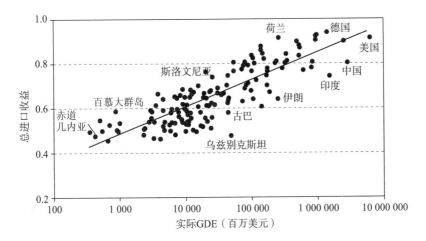

图 5.2　1996 年进口广延边际与实际 GDE

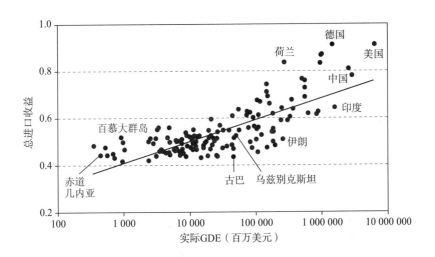

图 5.3　1996 年出口广延边际与实际 GDE

　　这些发现表明,在公式(5.21)中,由于它们的贸易广延边际,大国和富国的经种类调整的进口价格更低,经济种类的出口价格更高。为了研究这些关系,我们像公式(5.18)那样将贸易条件定义为经购买力平价调整的出口和进口之比来进行:

$$TOT^h \equiv 100\left(\frac{PPO^{hx}}{PPO^{hm}}\right) \qquad (5.22)$$

图 5.4 给出了贸易条件(未经种类调整)与 $RGDE$ 的关系图,我们可以看到,它们之间并没有明显的关系。

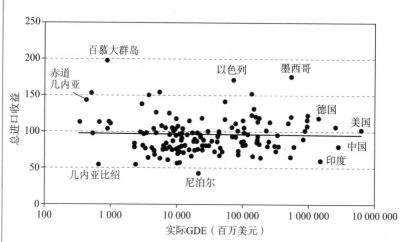

图 5.4　1996 年无种类调整的贸易条件与实际 GDE

相反地,当我们根据广延边际调整进口和出口价格——如公式(5.21)所示,并且考虑图 5.5 中所示经种类调整的贸易条件 $\widetilde{TOT}^h$,我们发现它和 $RGDE$ 存在弱(边缘显著)正相关关系。所以,经济大国可以在更好的(经种类调整)价格上进行贸易。当描画 TOT^h 和 $\widetilde{TOT}^h$ 与人均实际 GDE 的关系时(简便起见,不再画出),我们会发现这种正相关关系更强。也就是说,更富裕的国家,在经种类调整的情况下,可以得到更好的贸易条件。

图 5.2 至图 5.4 中所用的数据只是有选择的一部分国家,显示在表 5.1 中。表 5.1 中所列的国家和表 2.1 和表 3.1 中用来报告贸易收益的国家相同,包括了图 5.2 到图 5.4 的一些孤立点。例如,百慕大群岛在所有国家中贸易条件最高(大约为 200),

尼泊尔则是最低的(大约为40)。百慕大群岛得到这个结果,是由于它的其中一种主要出口商品的价格最高:船舶船只(SITC 7 932),1996年,其出口额为1.45亿美元,平均每吨的出口单价为2 680美元。这个价格高于它的参照价格每吨1 910美元。所以,百慕大群岛的船舶船只出口价格高于世界平均水平,并且,它就是百慕大群岛高出口价格水平和高贸易收益的主要原因。从一定程度上讲,百慕大群岛出口的船舶船只的质量比其他国家更高(可能是合理的),那么出口的高价格水平,就是由于质量,而不是纯粹的和其他国家的价格差距而造成的。根据产品质量来修正价格,看起来会减少我们正在度量的贸易收益。[①]

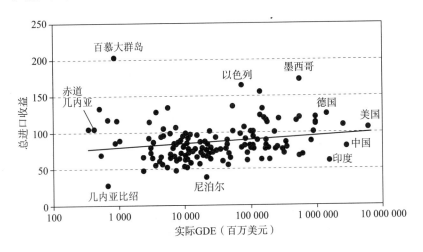

图5.5　1996年有种类调整的贸易条件与实际GDE

当根据产品种类来修正贸易条件时,即意味着我们利用公式(5.21)中的种类调整价格时,一些国家将会出现贸易条件的大幅下降,如表5.1最后一列所示:这些国家包括赤道几内亚(下降26.2%),

———————

① 最近研究贸易单位价值中质量度量方法的文章包括:Choi,Hummels 和Xiang(2009),Hallak(2006),Hallak 和 Schott(2008),Hummels 和 Klenow(2005),以及 Timmer 和 Richter(2008)。

摩尔瓦多(下降 21.5％),巴哈马群岛(下降 16.6),马尔他(下降
13.5％)。这些国家在表 5.2 中进口和出口的广延边际相对较低,
因此,它们的"有效"进口价格较高,出口价格较低。更小一部分国
家则经历了贸易条件的改善,包括表 5.2 中的德国和美国。

表 5.1　1996 年进口和出口的广延边际与贸易条件

	人均实际GDP	进口广延边际	出口广延边际	贸易条件		
				不存在产品多样化时	存在产品多样化时	区别（％）
刚果(金)	245	0.54	0.50	58	52	−11.0
塔吉克斯坦	775	0.52	0.51	105	94	−10.5
尼泊尔	1 007	0.54	0.48	43	37	−13.0
赤道几内亚	1 104	0.48	0.44	142	105	−26.2
摩尔多瓦	1 737	0.60	0.50	61	48	−21.5
中国	2 353	0.80	0.77	79	80	1.7
危地马拉	3 051	0.69	0.55	80	74	−8.3
巴西	5 442	0.81	0.62	101	99	−1.7
泰国	5 840	0.81	0.63	79	79	0.1
加蓬	7 084	0.57	0.46	96	83	−13.1
马来西亚	7 448	0.82	0.66	120	119	−0.9
沙特阿拉伯	9 412	0.77	0.54	82	79	−4.1
马尔他	10 420	0.66	0.45	148	128	−13.5
巴哈马群岛	13 081	0.62	0.46	64	54	−16.6
以色列	13 138	0.79	0.55	170	163	−4.5
百慕大群岛	15 017	0.59	0.51	197	202	2.6
爱尔兰	15 150	0.81	0.63	140	135	−3.4
德国	17 292	0.94	0.91	118	126	6.9
挪威	20 508	0.80	0.59	73	71	−2.2
美国	23 648	0.91	0.91	101	106	4.3

注:(1) 人均实际 GDE 等于表 2.1 和表 3.1 中的人均实际 GDP。

(2) 进口和出口的集约边际反映了每个国家进口和出口商品的范围,如文中所
论述。

(3)贸易条件为经购买力平价调整的出口价格除以经同样调整的进口价格,再乘
以 100。"经种类调整"意味着进口价格和出口价格是根据它们的广延边际调整后的
价格。

(4) 百分比之差为贸易条件有无经种类调整之差。

资料来源:作者的计算。

贸易条件$\widetilde{TOT^h}$,则是用公式(5.21)中的经种类调整的出口和进口价格来计算的,并运用从公式(5.12)到公式(5.15)的扩展 GK 方程组计算$\widetilde{RGDO^h}$。为了使方程组(5.12)—(5.15)能够和调整后价格内部一致,我们同时也需要用同样的方法来调整数量。那么我们将调整的数量定义为:

$$\widetilde{q}_i^{hm} = q_i^{hm}(EM_i^{hm})^{1/(\sigma_i-1)}, \quad \widetilde{q}_i^{hx} = q_i^{hx}(EM_i^{hx})^{-(\sigma_i-1)/\sigma_i\theta_i} \quad (5.23)$$

表 5.2　替代弹性的估计

	σi	$\dfrac{-1}{\sigma_i-1}$	$\dfrac{\sigma_i-1}{\sigma_i\theta_i}$
5%	1.55	−1.82	0.23
25%	2.25	−0.80	0.25
50%	3.07	−0.48	0.22
75%	4.51	−0.28	0.17
95%	16.1	−0.07	0.06

注:σ_i 的值来自 Broda 和 Weinstein(2006),然后,利用假设 $\theta_i = \sigma_i$,来计算下一列的值。

通过这种方法,进口和出口的观察值就不会被有效价格的调整影响。因种类的多样化而导致的低进口价格将会导致更高的有效进口数量。类似地,因种类的多样化而导致的高出口价格将会导致更低的售出数量来获取同样的收益。利用公式(5.21)和公式(5.23)中的经调整的价格和数量,然后我们计算出考虑了进口和出口种类的效应的$\widetilde{RGDO^h}$。

再一次地,我们需要为扩展 GK 的方程组选择一个标准化方案,并且我们将扩展我们上面所描述的方法。即,我们选择一个使$(RGDO^{h**}/\overline{RGDO}^{h**})$最小的参照国 h^{**},并且给定这个方案,我们标准化产出法方程组使得:

$$RGDO^{h**} = \widetilde{RGDO}^{h**} \Rightarrow RGDO^h \geq \widetilde{RGDO}^h, \text{对所有 } h = 1, \cdots, H$$

$$(5.24)$$

结合(5.20),我们看到考虑了种类多样化的贸易收益对所有国家都是非负的,亦即:

$$多样性贸易的收益^h = \frac{RGDE^h - \widetilde{RGDO}^h}{RGDE^h} \qquad (5.25)$$

总贸易收益包括进口种类和出口种类对 $RGDE^h$ 的正效应:通过将进口和出口的产品种类加入到对 $\widetilde{RGDO}^h$ 的计算中,我们随之降低了对这种实际 GDP 的度量值,并将生活水平的提高归因于更高的贸易收益。为了将产品种类效应独立出来,我们可以定义取决于种类多样化的收益为:

$$多样性收益^h = \frac{RGDO^h - \widetilde{RGDO}^h}{RGDO^h} \qquad (5.26)$$

注意,通过对参照国的选择,我们在公式(5.24)中的标准化保证了公式(5.26)中取决于种类多样化的收益为正。

为了度量公式(5.21)中的经种类调整单位价值,我们需要对每个部门的替代弹性 σ_i,以及帕累托参数 θ_i 的估计。我们可以从布洛达和韦恩斯坦(Broda and Weinstein,2006)中,通过 10 位 HS 编码数据(或更粗略一点的分类数据)得到替代弹性。我们将在 SITC 4 位编码数据之内使用中值估计。为了得到帕累托参数,请注意,在梅里茨(Melitz,2003)模型中,要求假设 $\theta_i > \sigma_i - 1$。我们将只利用 $\theta_i = \sigma_i$,因此满足了假设。按照这个方法,在表 5.2 中,我们利用公式(5.21)中所用的各种 4 位 STIC 商品编码数据来

总结 σ_i 和 $(\sigma_i-1)/\sigma_i\theta_i=(\sigma_{i-1})/\sigma_i^2$ 的值。注意,随着出口广延边际的幂变小,它将弱化出口广延边际对贸易条件效应的重要性。

实证结果

现在,我们将这些概念运用到 1996 年 151 个国家的支出和贸易数据集合,如同芬斯特拉等人(Feenstra et al. ,2009)所描述的。贸易数据在 4 位 STIC 编码数据水平上,通过对其进行修正以省略异常值,我们从中得到了进口和出口的单位价值。[1] 为了计算进口和出口种类对实际 GDP 的贡献度,我们通过以下几个步骤进行:

第一步,根据 GK 方程组,计算 $RGDE$。这些 $RGDE$ 值反映了一国生活水平,并且与 PWT 所报告的实际 GDP 相似。[2]

第二步,根据扩展 GK 方程组,并利用进口和出口单位价值,计算 $RGDO$。$RGDE$ 和 $RGDO$ 的对比,反映了一国未经种类调整的贸易收益,如同公式(5.16)所定义的。

第三步,利用根据广延边际调整的进口和出口单位价值数据,计算 $R\widetilde{GDO}$,如公式(5.21)所示。$RGDE$ 和 $\widetilde{RGDO}$ 的对比,反映了包括产品种类效应的贸易收益,如公式(5.25)所定义的。

---

[1] 我们对关税率和贸易国之间的距离及出口国工资做了一个进出口单位价值的回归。大于实际单位价值 5 倍,或小于其 1/5 倍的估计单位价值忽略不计。通过这种方法,出口单位价值的 50 115 个观察值中的 11% 被排除掉,以及 8% 的进口单位价值被排除。由此清理产生的数据,每个国家平均有 294 个出口价格观察值,432 个进口观察值。

[2] 如我们前面所注,我们使用标准化,使样本中的实际 GDE 总和,等于他们用名义汇率转换为美元的名义 GDP。这个不同于 PWT 中所用的名义 GDP,它们是将基准年美国的实际 GDP 等于其名义 GDP。

第四步,$RGDO$ 和 $\widetilde{RGDO}$ 的对比,反映了取决于产品种类的贸易收益的比例,如公式(5.26)所定义的。

无种类调整的贸易收益

芬斯特拉(Feenstra et al.,2009)曾详细描述了我们在第一步和第二步所得到的 $RGDE$ 和 $RGDO$ 的结果。$RGDO$ 的计算并不保证结果为正的参考价格,这种情况出现在当尼日利亚包括在 152 个国家的原始数据集时。忽略这个国家,将恢复其他 151 个国家的正参考价格和正的 $RGDO$。芬斯特拉等人(Feenstra et al.,2009)采用了不同国家之间的 $RGDE$ 总和等于 $RGDO$ 总和的标准化方式,使得一定有一些国家 $RGDE > RGDO$,另一些国家 $RGDE < RGDO$。在这里,我们改为选择($RGDE^{h^*}/RGDO^{h^*}$)值最小的国家为参照国 h^*,然后对这个国家施以 $RGDE^{h^*} = RGDO^{h^*}$ 的标准化。

第二步中的我们选出的参照国是中国香港地区,到目前为止,它的 $RGDE$ 和 $RGDO$ 之比最小。[①] 这个结果是由于中国香港地区的某种主要出口产品的低出口价格。[②] 考虑到中国香港地区是中国其他地区的转口贸易港,我们怀疑将中国香港地区和其他国家和地区的出口价格的直接对比,或者与参考价格的对比,是有意义

---

① 利用标准化,使得对所有国家 $RGDE$ 的加总和,等于对 $RGDO$ 的加总和,如芬斯特拉等人(Feenstra et al.,2009),那么中国香港地区的 $RGDE$ 是 $RGDO$ 的 2/3。

② 一个例子是微型电子产品(SITC 7764),1996 年从中国香港卖出的价格是 1.09 美元,但是从日本卖出的价格为 1.43 美元,美国为 1.74 美元。

的。所以,我们在计算中忽略香港地区。值得提醒的是,这个经济体在第2章和第3章对贸易收益的计算中,而同样需要被忽略掉,这是由于其名义进出口和名义GDP之比大于1,这再一次反映了它作为转口贸易经济体的地位。在第2章和第3章中,我们同样忽略了4个其他国家(包括新加坡),它们的出口或者进口超过了它们的GDP。尽管并不像香港地区一样,这4个国家在本章的计算中并不会产生任何特殊问题,但是为了保持一致,我们在这里也忽略它们。

对于剩下的146个国家的样本来说,存在着4个国家 h^*,它们的 $(RGDE^{h^*}/RGDO^{h^*})$ 值几乎相同,都是最小:它们分别是挪威、巴哈马、摩尔多瓦共和国和蒙古。前两个国家具有高收入,和非常高的国内价格的特点,所以它们的出口价格相对低于国内价格。换句话说,在公式(5.19)中 PPO^{hx} 远小于 PPE^h,并且 $(RGDE^h/RGDO^h)$ 的值很小。后两个国家则是低收入,低国内价格,但是它们的出口价格更加低,与此同时,它们有高进口价格。这再一次地导致 $RGDE^h$ 与 $RGDO^h$ 之比偏低。在这4个国家中,挪威的比值最低,所以它被选为度量贸易收益的"参照"国。

根据这个标准化,我们选择了一部分国家,将它们的 $RGDO^h$ 值列出在表5.3的第(2)列中,贸易收益(用百分比表示)则在第(3)列中。挪威的贸易收益为0,这是由于它是参照国,而巴哈马和摩尔多瓦相对于挪威则有很小的收益(蒙古也是一样,没有在表5.3中列出)。相反,百慕大群岛的贸易收益最多,这是由于它的主要出口产品价格高,从而导致了高的贸易条件,我们在上面讨论过。将这个特殊情况先放到一边,第(3)列中其他贸易收益相对高的国家,主要包括赤道几内亚、马来西亚、马尔他、以色列和爱尔兰。这些国家中的大多数在第2章和

第 3 章中也出现过,我们发现它们在基于进出口份额基础上的贸易收益也高。这些份额在公式(5.19)中也进入了贸易收益中,在这个意义上,我们本章的分析与第 2 章、第 3 章相似。但是,现在进出口的价格(与参照国相比)同样也影响贸易收益,这是本章的不同之处。

图 5.6 是所有国家的贸易收益和 $RGDE$ 关系的散点图。提醒一下,在第 2 章和第 3 章中,由于进出口份额与国家规模负相关,所以,这两章中的贸易收益与实际 GDE 也是负相关的。[①] 相反,在图 5.6 中,国家规模与贸易收益并没有统计上的显著相关性。这些发现的解释是,实际 GDE 与出口价格是正相关的,但是与出口份额却是负相关的,并且这两个变量在公式(5.19)中有相乘关系,所以,抵消了彼此的效应;同样的抵消效应发生在进口的价格和份额上。所以,我们本章中所得到的对贸易收益的度量与国家规模之间的关系,与前几章相比,有一些不同之处。这个区别同样出现在贸易收益与人均 RGDE 的图形关系上(为简便起见,不再画出)。我们发现了一个正显著的关系,这个关系的解释是,更富有的国家很可能有更好的贸易条件。相比之下,第 2 章中,人均实际 GDP 与贸易收益之间根本没有任何关系,而第 3 章中,二者之间有很弱的正相关关系。

----

① 我们在表 2.1 和 3.1 以及图 2.5 和 3.4 中所用的实际 GDP 的概念,等同于本章中的 RGDE。

表 5.3 1996 年实际 GDP 与贸易收益

	人均实际 GDE（美元）	未经品种修正的实际人均 GDO（美元）	未经品种修正的国际贸易收益(%)	品种修正后的实际人均 GDO（美元）	品种修正后的国际贸易收益(%)	产品多样化带来的收益(%)
	(1)	(2)	(3)	(4)	(5)	(6)
刚果（金）	245	177	28	158	35	7
塔吉克斯坦	775	606	22	552	29	7
尼泊尔	1 007	938	7	837	17	10
赤道几内亚	1 104	710	36	921	17	−19
摩尔多瓦	1 737	1 709	2	1 591	8	7
中国	2 353	1 893	20	1664	29	10
危地马拉	3 051	2 504	18	2 237	27	9
巴西	5 442	4 266	22	3 762	31	9
泰国	5 840	5 000	14	4 402	25	10
加蓬	7 084	5 482	23	5 056	29	6
马来西亚	7 448	4 935	34	4 386	41	7
沙特阿拉伯	9 412	8 107	14	7 260	23	9
马尔他	10 420	6 178	41	6 176	41	0
巴哈马群岛	13 081	12 731	3	12 730	3	0
以色列	13 138	7 263	45	6 498	51	6
百慕大群岛	15 017	5 689	62	4 643	69	7
爱尔兰	15 150	9 051	40	8 232	46	5
德国	17 292	12 916	25	11 114	36	10
挪威	20 508	20 508	0	18 323	11	11
美国	23 648	18 519	22	16 207	31	10
146 个国家			21.4		30.7	9.4

注:(1) 表 2.1 和表 3.1 中,人均实际 GDE 等于人均实际 GDP。

(2) 进口和出口的集约边际反映了每个国家进口和出口商品的范围,如文中的解释那样。

(3) 贸易收益是按购买力平价计算的出口价格除以进口价格,如文中的解释那样。"经种类调整"意味着进口和出口价格是分别根据各自的广延边际调整后所得的。

(4) 百分比之差是经种类调整后的贸易收益与未经种类调整的贸易收益之差。

资料来源:作者的计算。

将我们样本中 146 个国家的贸易收益加总,表 5.3 中所示贸易收益(未经产品种类调整)为 21.4%。这个数字远高于我们在前面章节得出的世界贸易收益,这反映出了几个因素的作用。第一,正如已经讨论过的,我们采用进口和出口的单位价值夸大了不同国家之间的价格差异,这是由于一定比例的高单位价值是取决于质量的。如果我们能用不同国家经质量调整后的价格,那么我们就能预期,有着比参照价格更好贸易条件的国家,其贸易收益就会比表 5.3 中的结果小一些。

第二,表 5.3 中的贸易收益被夸大,是由于 GK 方程组是一个指数权重固定的方程组:也就是说,即使在将一国实际价格与参照价格对比时,数量也被认为是保持不变的。这导致了一个对贸易收益可能的过度估计,如图 5.7 所示。考虑一个在 B 点生产,C 点消费的国家,得到效用为 U。我们假设其为"参照"国,参考价格为线 $p_1 p_1$ 的斜率,并且实际 GDO 等于实际 GDE。这个国家没有贸易收益,因为收益仅仅产生在比参照国有更好贸易条件的国家。

例如,另外一个贸易条件为 $P_2 P_2$ 的国家将在 B' 点生产,C' 点消费,效用为 U'。利用参照价格,并保持生产和消费数量固定不变,我们发现,它的贸易收益将是预算线 $P_1' P_1'$ 和 $P_3' P_3'$ 之差,即 $RGDE$ 与 $RGDO$ 之差。但是,一旦我们考虑了生产和消费量变化,它真正的贸易收益应该小于预算线 $P_1 P_1$ 和 $P_3 P_3$ 之差。

一旦我们考虑到国内企业退出的可能,如具有异质企业的垄断竞争模型所示,那么这一观点将得到进一步支持。在第 3 章中,我们表明,由于国内企业的退出,取决于进口种类的收益将在事实上被抵消:剩余的贸易收益完全是从出口方面得到的。相反,在公式(5.21)中对进出口价格的公式化中,我们允许进出口广延边际影响有效价格,而没有任何国内种类效应的抵消。这与"固定权

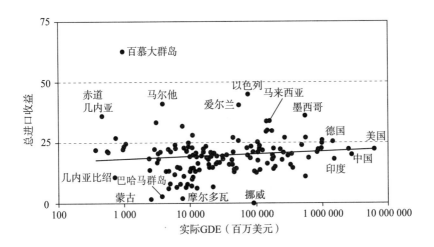

图 5.6　1996 年未经种类调整的贸易收益以及实际 GDE

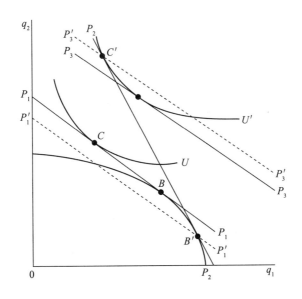

图 5.7　度量贸易收益

重"计算类似,而没有数量或种类的内生性反应。由于这个原因,取决
于进口和出口种类的收益可能也是夸大的。我们现在转向对这些收益
的计算。

有种类调整的贸易收益

在我们计算的第三步中，我们重新计算了产出法实际 GDP，但是现在将进口和出口的广延边际融入到它们的价格中，如公式 (5.21) 所示。我们需要选择一个 $(\widetilde{RGDO}^{h^{**}}/\widetilde{RGDO}^{h^{**}})$ 比最小的国家作为参照国。这个参照国是赤道几内亚，其次是塞舌尔，它们相对于其他国家比率都非常低。我们不愿意使用这两个中的任何一个国家为参照国，因为这将意味着所有国家的 $(RGDO^h/\widetilde{RGDO}^h)$ 比率大大高于 1，并且将有可能夸大取决于种类多样化的贸易收益。于是，我们找到第三低的 $(\widetilde{RGDO}^{h^{**}}/\widetilde{RGDO}^{h^{**}})$ 比率，即巴哈马。这个国家与第二步中的参照国家很相似，所以，通过再一次将它作为参照国，我们本质上是使所有的比较都基于该参照国。

在图 5.8 中，我们画出了包括种类的贸易收益与 RGDE 之间的关系。很明显地，有种类调整的贸易收益现在与 RGDE 有一个正显著的关系，所以经济大国与参照国巴哈马相比得到的最多。相反，图 5.6 中，未经种类调整的贸易收益与国家 RGDE 并没有系统化的关系。所以，大国一定会从种类多样化中得到更多，小国得到的则较少。一个戏剧化的例子是赤道几内亚，它从图 5.6 中趋势线的上方移动到了图 5.8 中趋势线的下方，当考虑到种类多样化影响的时候，它的收益要减少很多。

这个例子在表 5.3 中也可以清楚地看到，我们在第 (4) 列中记录了 $\widetilde{RGDO}^h$ 的值，并在第 (5) 列中记录了 $RGDE^h$ 与 $\widetilde{RGDO}^h$ 之差，这个度量包括种类的总贸易收益。赤道几内亚的贸易收益从未经种类调整后的 36%，下降到了经种类调整后的 17%。第二个

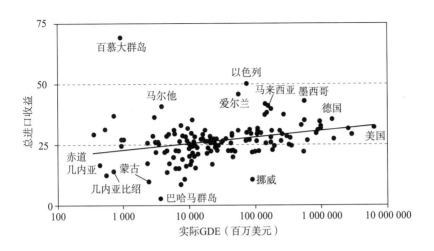

图 5.8　1996 年经种类多样化调整的贸易收益与实际 GDE

例子(表 5.3 中没有)是塞舌尔,它的贸易收益也有所下降。第三种情况为巴哈马,我们已经将其选择为参照国,它的贸易收益没有由于种类调整而发生变化。所有其他国家都经历了贸易收益的上升,并且 146个国家的总贸易收益为 30.7%。这些贸易收益包括那个国家相对于参照国所面临的更好的价格和更大的进出口广延边际,当我们根据贸易商品的质量进行调整时,这些收益将会减少(如上文所讨论的那样)。但是,我们没有理由预期,取决于种类多样性的收益自己会被产品质量影响。

在表 5.3 的第(6)列,我们同样也记录了 $RGDO^h$ 与 $\widetilde{RGDO^h}$ 之差,这个度量取决于种类多样化的收益。对于所有的 146 个国家,这些取决于种类多样化的收益,达到了 $RGDE$ 的 9.4%。这个收益值无疑和我们对参照国的选择有关,但值得注意的是,这个值是由在第 2 章和第 3 章所提出的进口和出口种类多样性的收益界定的。在基准情况下,这两种收益分别为 12.5% 和 5.1%。这个发现意味着,我们运用不同实际 GDP 的概念来获取经种类调整的贸易收益的方法,将会与从传统方法,如采用我们在第 2 章和第 3 章中的简单公式,得出的结论不同。

而且,本章的讨论和前面几章给出的详细国家水平的结果是十分不同的。例如,赤道几内亚从进口中得到的收益最大,这是由于它非常高的进口份额(见表 2.1)。在出口方面,它的收益则大幅下降(见表 3.1),这是由于它的出口份额更小。并且,同样地,本章中讨论的贸易收益对于 1996 年的赤道几内亚来说并不是那么高,特别是,当经产品种类调整的时候。事实上,这个国家的石油资源在 1996 年前的几年被发现,并且,那一年的高进口份额部分可能是由于钻探及相关设备的进口导致的。鉴于石油的生产和出口在 1996 年仍然很低,这些设备不会对 GDP 立即产生影响,所以,值得怀疑的是,它的高进口份额是否能如第 2 章的计算所展示的那样源于当期的贸易收益。第 3 章中讨论的出口方面的收益将更合理,并且从实际 GDP 扩张而导致的未来收益仍将更加合理:赤道几内亚由于石油出口,成为非常收入最高的国家。我们预期,它今天的贸易收益比 1996 年时更加高,所以,至少对于这个国家来说,将我们的分析扩展 1996 年后的几年,将会证明我们本章所发展的实际 GDP 的概念,对于度量贸易收益的有用性。

结论

本章,我们表明了在国际比较中,产出法实际 GDP 与支出法实际 GDP 的根本区别。这两个概念的区别在于对贸易条件的处理。支出法实际 GDP 代表了商品和服务的购买力,而产出法实际 GDP 则度量了一个经济的生产可能性。我们已经利用了二者的差别作为对贸易收益的度量:不是相对于封闭经济的收益,而是能够比"参照"国在更好贸易条件下贸易时的收益。我们已经表明了,在理论上应该怎样选择这个参照国,并且用 1996 年的数据画图说明贸易收益。

当然,对参照国的选择必然会影响总贸易收益,或者说,影响产品种类多样化的收益,但是不同国家的收益模式并不取决于参照国的选择。即,图 5.6 和图 5.8 中的图形,并不会由于采用另外一个参照国而发生显著变化;仅仅收益规模会发生调整。独立于参照国,本章的结论是贸易收益(不考虑种类多样性)与国家人均收入是正相关的。这个关系源自于,更富有的国家更可能获得更高的出口价格,达到并超出该国所支付的进口价格的任何溢价。如同我们所讨论的,当根据产品质量进行调整时,这个结果将被减弱,这是由于来自富有国家的更高出口价格将会被其更高的质量抵消掉。

我们同时也发现了大国更倾向于得到更大的进口和出口广延边际。这是一个同样来自赫梅尔斯和科莱诺(Hummels and Klenow, 2005)有说服力的结论,并且在前面的章节中由回归中已有说明。鉴于这个原因,在对每个国家都根据种类进行调整后,大国将有效地面对更高的出口价格和更低的进口价格。这个结论不会被对质量的考虑而推翻,并且它暗示了大国将享受更高的来源于种类多样化的收益。

第6章 结论

在垄断竞争模型中,存在着贸易收益的三种来源:从企业间竞争而导致的企业定价能力下降的收益;产品种类扩张产生的收益;以及由于只有最有效的企业才能生存,企业进行自我选择而产生的收益。在本书中,我们没有考虑第一种贸易收益的来源——取决于定价能力的降低。第二种贸易收益的来源——取决于产品种类的增加——已经得到了我们利用分类数据进行的研究的支持。用来分析这些数据的假设是,每个国家都提供不同于其他任何国家的产品种类。新的统计方法允许我们估计不同国家产品种类的替代度,如第2章所述,并且度量消费者从进口更多产品种类中得到的收益。布洛达和韦恩斯坦(Broda and Weinstein,2006)发现,这些收益对美国来说是相当可观的,但是,我预期对于其他大部分国家来说,在进口对 GDP 比率更高的情况下,它们的贡献将更高。消费收益的一个简单公式采用每个国家的进口份额并且表明最小的国家——具有最高的进口份额——得到最大收益。

第三种贸易收益来源——取决于企业的自我选择——是基于梅里茨(Melitz,2003)模型,尽管一个非常相似的结构是得自伊顿和科特姆(Eaton and Kortum,2002)。令人奇怪的是,在梅里茨模型中,消费者从进口种类得到的收益,与由于贸易而减少的国内种类相抵消了,如第3章所述。这使得我们的收益只能取决于企业自我选择的产出方面,即贸易自由化后只有更有效的企业才能生存。我们已经讨论过,进入和退出机制能够用一个国内贸易种类和出口贸易种类之间严格凹的转移曲线来表示,并且存在着取决于出口种类扩展的收益。这些收益反映在一个依赖于进口份额或出口份额(等于均衡贸易)的简单公式中,但是这些收益一定会小于消费方面的收益。较小的国家——具有最高出口份额——得到最大收益。在第 4 章中,取决于出口种类的产出法收益的度量表明,样本中比美国小的一般国家的收益超过 Broda 和 Weinstein(2006)发现的美国的收益。

在第 5 章中,基于支出法实际 GDP 与产出法实际 GDP 的区别,我们试图发展出一种新的度量贸易收益的方法。许多关于世界经济增长与融合的研究,都对后一个概念比较感兴趣。但是,PWT 中可得到的数据,是对实际 GDP 的支出法度量,至少在基准年是这样。[①] 在第 5 章中,我们对两种度量方法进行了明确的区分。它表明,支出法实际 GDP($RGDE$)可以远远超出产出法实际 GDP($RGDO$),如百慕大群岛;或者远远低于它,如中国香港地区和巴哈马。通过选择一个 $RGDE/RGDO$ 之比最小的"参照"国,然后对那个国家进行标准化 $RGDE=RGDO$,我们发现,对于其他国家,$RGDE>RGDO$。这种差异被解释为,拥有比参照国更好的贸易条件而得到的收益。

第 5 章的结果挑战了小国在国际贸易中获利最多的传统思想。这个结果得自于第 2 章和第 3 章中的模型(以及其他贸易模型),由于贸易收益是相对于封闭经济计算的,小国在封闭经济下,不能生产丰富种类的产品。因此,最小的国家一定有最大比例的贸易收益。如同经济学家们都非常熟悉这个结果一样,我冒昧地猜测,其他学科的专家并不

---

① 基准年之外,芬斯特拉(Feenstra et al.,2009)讨论认为,PWT 中实际 GDP 的增长率,相对支出法实际 GDP 而言,更接近于产出法实际 GDP。

熟悉这个结果。例如,如果我们去问一个政治学家,哪一个国家从"二战"后的经济格局中获利最大,他可能会说高速发展的国家获利最大,并且细想之后,加上中国。但是,我认为他并不会认为一个小岛经济会获益最大。原因是,他不会把收益看作是一个假设封闭的状态,而看作是一些时间收益的概念,或者可能是每个国家相对于其他国家的收益。后面这个贸易收益的概念就是我在第5章中提出的:在价格和产品种类方面的贸易收益,不同于一个被选择的"参照"国的贸易收益。在这种情况下,我们发现,大国和富国的收益百分比可能类似,甚至超出小国。

除了提供一种新的贸易收益的度量方法(与参照国对比),我还希望我们在第5章中讨论的计算能够运用于其他估计国际贸易对实际 GDP 贡献的方法中去。我将给出这样一个应用的大纲,来作为本书的结束。关于贸易对 GDP 影响的研究,如弗兰克尔和罗默(Frankel and Romer,1999),典型地将实际 GDP 和国家开放程度联系在了一起。这些文章会从度量开放程度方法的改进中获益。现在 PWT 有两种度量开放程度的方法:在"当前价格"下,等于名义出口加上进口,除以名义 GDP,以及在"不变价格"下,等于出口加上进口通过国内吸收购买力平价转换,除以 PWT 中的实际 GDP。芬斯特拉等人(Feenstra et al.,2009)提出了一个新的实际开放(real openness)程度度量法,等于实际出口加上进口,分别除以特定的出口和进口购买力平价,除以产出法实际 GDP。[①]

---

① 最近,阿尔卡拉和西科恩(Alcala and Ciccone,2004)提出了一个替代性的、混合的开放程度度量法,等于名义出口加上进口,根据官方汇率进行转换,再除以购买力平价的实际 GDP。这个度量方法混合了分子分母中的名义单位与实际单位,这样的话将会对名义汇率的变化高度敏感。

利用第 5 章的注释,这个实际开放程度为:

$$ROPEN^h \equiv \frac{(X^h/PPO^{hx}) + (M^h/PPO^{hm})}{RGDO^h} \qquad (6.1)$$

(6.1)式中的实际开放程度,不同于 PWT 中的不变价格和名义开放程度,甚至在基准年份也是这样,这是由于,出口和进口的购买力平价是用来平减它们的,这与国内吸收的购买力平价的用途不同。

第二种对国家贸易开放度的度量方法,对于实证研究将是非常有用的,即(5.22)式中所计算的贸易条件:

$$TOT^h \equiv 100 \left(\frac{PPO^{hx}}{PPO^{hm}} \right) \qquad (6.2)$$

这个变量是对贸易条件的跨国度量,并且我们预期贸易条件更高的国家也将具有更高的人均实际 GDP。我们相信,实际开放程度度量的改善,与跨国贸易条件都会更倾向于只用"名义"开放程度,并且将会使实证研究产生差异。为了探讨这个命题,我们通过检验来下结论这些变量是如何影响一个跨国研究的,该检验由里戈邦和罗德里克(Rigobon and Rodrik,2005)做出。

里戈邦和罗德里克(Rigobon and Rodrik,2005)的动机是,现有的对贸易和实际 GDP 的研究受到内生性问题的困扰:当贸易增长可能提高 GDP 时,那么反向因果关系就同样是合理的。弗兰克和罗默(Frankel and Romer,1999)和其他作者已经利用工具变量解决了内生性问题,如国家之间的距离。但是结果可能是对工具的选择很敏感。为了避免这个问题,里戈邦和罗德里克转而利用"异方差识别法"(Rigobon,2003),估计了贸易、人均实际 GDP 和其他变量之间的关系。这个方法在第 2 章有所运用(估计替代弹性),并且通常需要子样本,而且子样本的二阶矩值必须不同。里戈邦和罗德里克沿着两条线对样本进行拆分:根据前殖民地地位,效仿对机制角色的研究方法(Acemoglu,Johnson and Robinson,2001);以及根据地理位置分类,根据戴蒙德(Diamond,1997)的提议,即种子种类和农业技术,比起在大陆的南北轴迁移(非洲和美洲),它们更容易在东西轴迁移(欧亚国家)。

我们复制了里戈邦和罗德里克(Rigobon and Rodrik,2005)的结果——在两个拆分样本中,名义开放程度对实际GDP有显著的负效应。表6.1中的每一行是一个回归,第一列为独立变量。在表6.1第一个回归中,我们看到名义开放程度对实际GDP有显著的负效应,而民主、法治和到赤道的距离都有正效应(后两个是显著的)。由于所有的变量都被视为潜在的内生变量,当改变因变量时,回归是可以重复的。在第二个回归中,民主是独立变量,它对名义开放程度也有负效应。在第三个回归中,我们发现,法治对开放程度有正效应,并且由于法治会导致更高的实际GDP,这个提供了唯一有利的——尽管是间接的——贸易对实际收入的影响。在表6.1的下半部分,回归是重新估计的,现在在利用地理位置来拆分样本。结果类似于我们在表的上半部分发现的结果,除了名义开放程度对法治的影响不再是显著的。

表6.2表明,通过利用1996年的实际开放程度,而不是名义开放程度,我们改变了结果。对于殖民地拆分,在表的上半部,实际开放程度变得对实际GDP有轻微的正相关关系,但是并不显著。对于地理拆分,在表的下半部,实际开放程度现在对人均实际GDP有显著的正相关关系。更多的是,表6.2中,它对法治的正效应比表6.1中大了约4倍。法治对实际GDP(地理拆分)仍然具有高度显著的正相关关系,所以,实际开放程度在提高实际收入

方面,同时扮演了直接和间接正相关的角色。

在表 6.3 中,我们报告了利用 1996 年贸易条件,而不是实际开放程度的结果。我们发现,贸易收益给出的结果与实际开放程度非常相似,在任何一个拆分样本中,它对实际 GDP 都有一个正效应,其中在地理拆分中是显著的。表 6.2 中用的贸易条件是没有经进口和出口种类任何调整的度量。但是,我们在第 5 章中的计算同样允许我们用经产品种类调整方式来度量这个变量。正如我们在第 5 章中所发现的,大国和富国倾向于进口和出口更多种类商品,这导致了人均实际 GDP 与考虑了种类的贸易条件之间的正相关关系。在表 6.4 中,我们表明这个变量是在多重回归框架中的作用。

表 6.4 中,利用殖民地地位或者地理位置来拆分样本,经种类调整的贸易条件与更高的实际 GDP 是相关的,并且这个相关关系是显著的。法治同样保持了它高度显著的影响。在殖民地拆分条件下,贸易条件同样对法治有一个显著的正效应,间接地更进一步,对国家 GDP 具有有利的影响。表 6.4 中的这些结果,讨论了贸易在促进更高的实际 GDP,进而更高的实际收入的重要性,不同于罗德里克和里戈邦利用名义开放程度得到的最初结果。但是这个变量太过粗糙,不能抓住国家在全球经济中真正拥有的机会。对实际开放程度的度量,以及我们在这里提出的贸易条件——特别是经产品种类调整的——的度量,提供了一个估计国际贸易对国家生产和消费可能性的影响,进而估计对贸易收益影响的更好的方法。

表 6.1 利用名义开放程度的结果

	人均实际GDP	民主	法治	名义开放程度	到赤道的距离	区域	人口
				利用前殖民地状况拆分样本			
人均实际GDP		0.23 (1.61)	0.24 (1.88)	−0.36 (4.03)	0.25 (2.35)	−0.21 (3.68)	−0.11 (1.56)
民主	0.43 (1.00)		−0.39 (0.86)	−0.29 (2.18)	0.27 (1.96)	−0.17 (1.70)	−0.18 (2.44)
法治	0.20 (1.69)	0.43 (2.92)		0.32 (3.40)	0.23 (1.91)	0.15 (1.85)	0.09 (1.27)
名义开放程度	0.45 (2.57)	0.01 (0.07)	−0.05 (0.19)		−0.27 (1.78)	−0.14 (2.33)	−0.55 (8.07)
				利用地理位置拆分样本			
人均实际GDP		0.03 (0.32)	0.74 (9.86)	−0.18 (2.02)	−0.01 (0.19)	−0.23 (3.17)	0.06 (1.03)
民主	0.14 (0.59)		0.25 (1.61)	−0.36 (2.42)	0.12 (0.88)	0.07 (0.85)	−0.46 (4.50)
法治	−0.13 (0.77)	0.10 (0.58)		0.18 (1.17)	0.72 (4.01)	−0.13 (2.52)	0.06 (0.53)
名义开放程度	0.03 (0.25)	−0.03 (0.26)	0.03 (0.25)		−0.13 (0.92)	−0.08 (1.18)	−0.68 (11.17)

注：估计方法为异方差识别法，要求按某种逻辑关系拆样本，并使其子样本的二阶矩阵值不同。两个拆分是：根据前殖民地地位和根据地理位置（如文中所述）。因变量显示在第一列，自变量沿顶行显示，所以每一行是一个回归；括号中为 t 估计值。

资料来源：重复 Rigobon 和 Rodrik(2005)表 5 和表 6 中的研究。

表 6.2 利用实际开放程度的结果

	人均实际GDP	民主	法治	实际开放程度	到赤道的距离	区域	人口
利用殖民地地状况折分样本							
人均实际GDP		0.36 (2.86)	0.20 (1.55)	0.3 (0.34)	0.25 (2.62)	−0.17 (2.52)	0.15 (3.05)
民主	−0.16 (0.48)		−0.08 (0.38)	0.23 (1.33)	0.58 (2.88)	−0.33 (2.30)	0.23 (1.91)
法治	0.17 (0.96)	0.36 (3.87)		0.94 (6.55)	0.31 (2.29)	0.14 (2.09)	0.34 (4.34)
实际开放程度	1.05 (4.41)	0.05 (0.28)	−1.08 (3.25)		−0.07 (0.58)	−0.10 (1.13)	−0.31 (3.98)
利用地理位置折分样本							
人均实际GDP		−0.08 (1.08)	0.79 (10.7)	0.18 (3.11)	0.03 (0.65)	−0.01 (0.09)	0.18 (3.24)
民主	0.82 (4.90)		0.30 (2.32)	−0.46 (2.90)	−0.10 (0.85)	−0.001 (0.02)	−0.27 (2.93)
法治	−0.43 (3.21)	−0.32 (2.45)		0.73 (6.04)	0.95 (8.44)	−0.06 (1.16)	0.31 (3.88)
实际开放程度	−0.13 (1.27)	−0.02 (0.28)	0.15 (1.65)		0.01 (0.93)	−0.17 (2.16)	−0.36 (4.88)

注:表 6.2 用 1996 年的实际开放程度,而不是名义开放程度调整了表 6.1 的回归。估计方法为异方差识别法。如表 6.1 注中所述。

资料来源:Feenstra et al. (2009)未出版的附录,请访问:http://www.econ.ucdavis.edu/faculty/fzfeens/pdf/Appendix-FHTD.pdf.

表6.3 利用未经种类调整的贸易收益的结果

	人均实际GDP	民主	法治	名义开放程度	到赤道的距离	区域	人口
利用殖民地状况折分样本							
人均实际GDP		0.09 (0.76)	0.78 (3.01)	0.07 (1.24)	0.19 (0.94)	−0.13 (2.01)	0.13 (2.15)
民主	−0.21 (0.35)		−0.80 (1.40)	0.24 (2.43)	1.13 (4.94)	−0.64 (4.32)	0.19 (1.88)
法治	0.60 (1.56)	0.94 (4.06)		0.31 (3.64)	0.60 (2.99)	−0.15 (1.42)	0.12 (1.71)
名义开放程度	0.16 (1.05)	0.06 (0.61)	0.00 (0.01)		−0.01 (0.06)	−0.04 (0.49)	−0.11 (1.36)
利用地理位置折分样本							
人均实际GDP		−0.09 (0.74)	0.47 (5.48)	0.21 (3.35)	0.11 (1.33)	0.04 (0.75)	0.01 (0.21)
民主	0.56 (2.21)		0.07 (0.44)	0.06 (0.42)	0.18 (1.37)	0.06 (0.71)	−0.10 (1.61)
法治	0.09 (0.80)	−0.04 (0.40)		0.10 (0.85)	0.54 (5.44)	−0.07 (1.39)	−0.07 (1.61)
名义开放程度	0.03 (0.20)	−0.24 (1.80)	0.50 (2.14)		−0.14 (0.77)	−0.01 (0.07)	−0.10 (1.16)

注：表6.3修改了表6.2中的回归，用1996年未经种类调整的贸易收益，而不是经实际开放程度调整的贸易收益。估计方法为异方差识别法，如表6.1注中所述。

资料来源：作者的计算。

表 6.4 利用经种类调整的贸易收益的结果

	人均实际GDP	民主	法治	名义开放程度	到赤道的距离	区域	人口
利用殖民地状况折分样本							
人均实际GDP		-0.11 (0.81)	0.35 (2.24)	0.24 (2.83)	0.48 (4.22)	-0.19 (3.62)	0.11 (1.91)
民主	0.50 (2.06)		1.10 (3.11)	-0.15 (1.64)	-0.40 (1.89)	0.08 (0.54)	-0.12 (1.40)
法治	0.31 (1.34)	-0.45 (2.15)		0.33 (2.22)	0.66 (3.33)	-0.07 (0.97)	-0.07 (1.18)
名义开放程度	0.35 (2.10)	-0.26 (2.58)	-0.04 (0.18)		0.08 (0.72)	0.04 (0.55)	0.04 (0.44)
利用地理位置折分样本							
人均实际GDP		-0.05 (0.55)	0.48 (5.58)	0.24 (3.78)	0.08 (1.20)	0.06 (1.02)	-0.02 (0.42)
民主	0.51 (2.15)		0.00 (0.02)	0.18 (1.15)	0.17 (1.21)	0.10 (1.18)	-0.17 (2.32)
法治	-0.01 (0.05)	-0.06 (0.58)		0.09 (0.86)	0.60 (5.53)	-0.07 (1.35)	-0.08 (1.84)
名义开放程度	0.16 (1.07)	-0.31 (2.27)	0.59 (3.23)		-0.13 (1.10)	-0.10 (1.16)	0.13 (1.61)

注:表 6.4 修改了表 6.3 中的回归,用 1996 年经种类调整的贸易收益。异方差识别法被用作估计方法,
如表 6.1 注中所述。

资料来源:作者的计算。

☰ 参考文献

Acemoglu, Daron, Simon Johnson, and James A. Robinson.
2001. The colonial origins of comparative development: An
empirical investigation. *American Economic Review* 91 (5):
1369 - 401.

Alcala, Francisco, and Antonio Ciccone. 2004. Trade and pro-
ductivity. *Quarterly Journal of Economics* (May): 613 - 46.

Arkolakis, Costas, Arnaud Costinot, and Andrés Rodríguez-
Clare. 2009. New trade models: Same old gains? NBER work-
ing paper 15628. Cambridge, MA.

Arkolakis, Costas, Svetlana Demidova, Peter J. Klenow, and
Andrés Rodríguez-Clare. 2008a. Welfare analysis of the Krug-
man model of trade. Unpublished appendix to Arkolakis et al.
(2008b).

Arkolakis, Costas, Svetlana Demidova, Peter J. Klenow, and
Andrés Rodríguez-Clare. 2008b. Endogenous variety and the gains
from trade. *American Economic Review* (May): 444 - 50.

Armington, Paul S. 1969. A theory of demand for products dis-
tinguished by place and production. *IMF Staff Papers* 16:
159 - 78.

Badinger, Harald. 2007a. Has the EU's single market programme fostered competition? Testing for a decrease in markup ratios in EU industries. *Oxford Bulletin of Economics and Statistics* 69 (4): 497 – 519.

Badinger, Harald. 2007b. Market size, trade, competition and productivity: Evidence from OECD manufacturing industries. *Applied Economics* 39 (17): 2143 – 57.

Badinger, Harald. 2008. Trade policy and productivity. *European Economic Review* 52: 867 – 91.

Behrens, Kristian, and Yasusada Murata. 2007. General equilibrium models of mono-polistic competition: A new approach. *Journal of Economic Theory* 136: 776 – 87.

Behrens, Kristian, Giordano Mion, Yasusada Murata, and Jens Südekum. 2008. Trade, wages and productivity. Discussion paper 3682. Institute for the Study of Labor. Bonn, Germany.

Bernard, Andrew B. , Jonathan Eaton, J. Bradford Jensen, and Samuel Kortum. 2003. Plants and productivity in international trade. *American Economic Review* 93 (September): 1268 – 90.

Broda, Christian, and David W. Weinstein. 2004. Variety growth and world welfare. *American Economic Review* 94 (2): 139 – 44.

Broda, Christian, Joshua Greenfield, and David E. Weinstein. 2006. From groundnuts to globalization: A structural estimate of trade and growth. NBER working paper 12512. Cambridge, MA.

Broda, Christian, and David W. Weinstein. 2006. Globalization and the gains from variety. *Quarterly Journal of Economics* 121 (2): 541 – 85.

Chaney, Thomas. 2008. Distorted gravity: The intensive and extensive margins of international trade. *American Economic Review* 98 (4): 1707 – 21.

Choi, Yo Chul, David Hummels, and Chong Xiang. 2009. Explaining import variety and quality: The role of the income distribution. *Journal of International Economics* 78 (2): 293 – 303.

Colacelli, Mariana. 2009. Export responses to real exchange rate fluctuations: Intensive and extensive margin response. Unpublished manuscript. Barnard College.

Diamond, Jared. 1997. *Guns, Germs, and Steel.* New York: Norton.

Diewert, W. Erwin. 1976. Exact and superlative index numbers. *Journal of Econometrics* 4: 115 – 45.

Diewert, W. Erwin. 1999. Axiomatic and economic approaches to international comparisons. In Alan Heston and Robert E. Lipsey, eds. , *International and Interarea Comparisons of Income, Output and Prices.* Studies in Income and Wealth, vol. 61. Chicago: University of Chicago and NBER, pp. 13 – 87.

Diewert, W. Erwin, and Catherine J. Morrison. 1986. Adjusting outputs and productivity indexes for changes in the terms of trade. *Economic Journal* 96: 659 – 79.

Eastman, Harry C. , and Stefan Stykolt. 1967. *The Tariff and Competition in Canada.* Toronto: Macmillan.

Eaton, Jonathan, and Samuel Kortum. 2002. Technology, geography and trade. *Econometrica* 70 (5): 1741 – 80.

Eaton, John, Samuel Kortum, and Francis Kramarz. 2004. Dissecting trade: Firms, industries, and export destinations. *American Economic Review* 94 (2): 150 - 54.

Eaton, John, Samuel Kortum, and Francis Kramarz. 2008. An anatomy of international trade: Evidence from French firms. NBER working paper 14610. Cambridge, MA.

Feenstra, Robert C. 1994. New product varieties and the measurement of international prices. *American Economic Review* 84 (1): 157 - 77.

Feenstra, Robert C. 2004. *Advanced International Trade: Theory and Evidence.* Princeton: Princeton University Press.

Feenstra, Robert C. 2006. New evidence on the gains from trade. *Review of World Economics. Weltwirtschafiliches Archiv* 142 (4): 617 - 41.

Feenstra, Robert C. , Alan Heston, Marcel P. Timmer, and Haiyan Deng. 2009. Estimating real production and expenditures across countries: A proposal for improving the Penn World Tables. *Review of Economics and Statistics* 91 (1):201 - 12.

Feenstra, Robert C. , and Hiau Looi Kee. 2008. Export variety and country productivity: Estimating the monopolistic competition model with endogenous productivity. *Journal of International Economics* 74 (2): 500 - 18.

Feenstra, Robert C. , Dorsati Madani, Tzu - Han Yang, and Chi - Yuan Liang. 1999. Testing endogenous growth in South Korea and Taiwan. *Journal of Development Economics* 60: 317 - 41.

Feenstra, Robert C. , and David E. Weinstein. 2010. Globalization, competition, and the U. S. price level. NBER working paper

15749. Cambridge, MA.

Frankel, Jeffrey A. , and David Romer. 1999. Does trade cause growth? *American Economic Review* 89 (3): 379 – 99.

Frisch, Ragnar. 1933. *Pitfalls in the Statistical Construction of Demand and Supply Curves.* Leipzig: Hans Buske.

Funke, Michael, and Ralf Ruhwedel. 2001a. Product variety and economic growth: Empirical evidence from the OECD countries. *IMF Staff Papers* 48 (2): 225 – 42.

Funke, Michael, and Ralf Ruhwedel. 2001b. Export variety and export performance: Evidence from East Asia. *Journal of Asian Economics* 12: 493 – 505.

Funke, Michael, and Ralf Ruhwedel. 2002. Export variety and export performance: Empirical evidence for the OECD countries. *Review of World Economics/Weltwirtschaftliche Archiv* 138 (1): 97 – 114.

Galstyan, Vahagn, and Philip R. Lane. 2008. External imbalances and the extensive margin of trade. Unpublished manuscript. Trinity College, Dublin.

Geary, R. C. 1958. A note on the comparison of exchange rates and purchasing powers between countries. *Journal of the Royal Statistical Society. Series A (General)* 121: 97 – 99.

Goldberg, Pinelopi K. , Amit Khandelwal, Nina Pavcnik, and Petia Topalova. 2010. Imported intermediate inputs and domestic product growth: Evidence from India. *Quarterly Journal of Economics*, forthcoming.

Giovanni, Julian di, and Andrei A. Levchenko. 2009. Firm entry, trade and welfare in Zipf's world. Unpublished manuscript. International Monetary Fund and University of Michigan.

Grossman, Gene M. , and Elhanan Helpman. 1991. *Innovation and Growth in the Global Economy*. Cambridge: MIT Press.

Hallak, Juan Carlos. 2006. Product quality and the direction of trade. *Journal of International Economics* 68 (1): 238 – 65.

Hallak, Juan Carlos, and Peter Schott. 2008. Estimating cross – country differences in product quality. NBER working paper 13807. Cambridge, MA.

Harris, Richard. 1984a. Applied general equilibrium analysis of small open economies with scale economies and imperfect competition. *American Economic Review* 74 (5): 1016 – 32.

Harris, Richard. 1984b. *Trade, Industrial Policy, and Canadian Manufacturing*. Toronto: Ontario Economic Council.

Hausman, Jerry A. 1997. Valuation of new goods under perfect and imperfect competition. In Timothy F Bresnahan and Robert J. Gordon, eds. , *The Economics of New Goods*, NBER *Studies in Income and Wealth*. Chicago: University of Chicago, pp. 209 – 37.

Hausman, Jerry A. 1999. Cellular telephone, new products and the CPI. *Journal of Business and Economic Statistics* 17 (2): 188 – 94.

Head, Keith C. , and John Ries. 1999. Rationalization effects of tariff reductions. *Journal of International Economics* 47 (2): 295 – 320.

Head, Keith C. , and John Ries. 2001. Increasing returns versus national product differentiation as an explanation for the pattern of US-Canada Trade. *American Economic Review* 91 (4): 858 – 76.

Helpman, Elhanan. 1981. International trade in the presence of product differentiation, economics of scale and monopolistic compe

-tition: A Chamberlin-Heckscher-Ohlin approach. *Journal of International Economics* 11: 305 - 40.

Hicks, John R. 1940. The valuation of social income. *Economica* 7: 105 - 24.

Hummels, David, and Peter J. Klenow. 2002. The variety and quality of a nation's trade. NBER working paper 8712. Cambridge, MA.

Hummels, David, and Peter J. Klenow. 2005. The variety and quality of a Nation's exports. *American Economic Review* 95 (3): 704 - 23.

Khamis, Salem A. 1970. Properties and condition for the existence of a new class of index numbers. *Sankhya Series B* 32: 81 - 98.

Khamis, Salem A. 1972. A new system of index numbers for national and international purposes. *Journal of the Royal Statistical Society. Series A (General)*: 135.

Kohli, Ulrich R. 2004. Real GDP, real domestic income, and terms-of-trade changes. *Journal of International Economics* 62 (1): 83 - 106.

Krugman, Paul R. 1979. Increasing returns, monopolistic competition and international trade. *Journal of International Economics* 9: 469 - 79.

Krugman, Paul R. 1980. Scale economies, product differentiation, and the pattern of trade. *American Economic Review* 70 (December): 950 - 59.

Krugman, Paul R. 1981. Intra-industry specialization and the gains from trade. *Journal of Political Economy* 89: 959 – 73.

Lancaster, K. 1980. Intra – industry trade under perfect monopolistic competition. *Journal of International Economics* 10 (May): 151 – 75.

Leamer, Edward E. 1981. Is it a demand curve, or is it a supply curve? Partial identification through inequality constraints. *Review of Economics and Statistics* 63 (3): 319 – 27.

Leontief, Wassily. 1929. Ein Versuch zur statistichen Analyse von Angebot und Nachfrage. *Weltwirtschafiliches Archiv* 30 (1): 1 –53.

Melitz, Marc J. 2003. The impact of trade on intra-industry realloca-tions and aggregate industry productivity. *Econometrica* 71 (6): 1695 – 725.

Melitz, Marc J. , and Giancarlo I. P. Ottaviano. 2008. Market size, trade, and productivity. *Review of Economic Studies* 75 (1): 295 – 316.

Prasada Rao, D. S. 1971. Existence and uniqueness of a new class of index numbers. *Sankhya Series B* 33: 341 – 54.

Rigobon, Roberto. 2003. Identification through heteroskedasticity. *Review of Economics and Statistics* 85 (4): 777 – 92.

Rigobon, Roberto, and Dani Rodrik. 2005. Rule of law, democracy, openness and income: Estimating the interrelationships. *Economics of Transition* 13 (3):533 – 64.

Romer, Paul. 1990. Endogenous technical change. *Journal of Political Economy* 98 (5, pt. 2): S71 – S102.

Schott, Peter. 2004. Across-product versus within-product speciali-zation in international trade. *Quarterly Journal of Economics* 119 (2): 647 – 78.

Sato, Kazuo. 1976. The ideal log-change index number. *Review of Economics and Statistics* 58 (May): 223 – 28.

Saure, Philip. 2009. Bounded love of variety and patterns of trade. Unpublished manuscript. Swiss National Bank, Zurich.

Simonovska, Ina. 2009. Income differences and the prices of tradables. Unpublished manuscript. University of California, Davis.

Simonovska, Ina, and Michael Waugh. 2009. Elasticity of trade: estimates and evidence. Unpublished manuscript. University of California, Davis.

Timmer, Marcel P. , and Andries P. Richter. 2008. Estimating terms of trade levels across OECD countries. Unpublished manuscript. University of Groningen.

Trefler, Daniel. 2004. The long and short of the Canada-U. S. Free Trade Agreement. *American Economic Review* 94 (4): 870 – 95.

Tybout, James R. , Jaime de Melo, and Vittorio Corbo. 1991. The effects of trade reform on scale and technical efficiency: New evidence from Chile. *Journal of International Economics* 31 (3/4): 231 – 50.

Tybout, James R. , and M. Daniel Westbrook. 1995. Trade liberalization and dimensions of efficiency change in Mexican manufacturing industries. *Journal of International Economics* 39 (1/2): 53 – 78.

Vartia, Y. O. 1976. Ideal log-change index numbers. *Scandinavian Journal of Statistics* 3: 121 – 26.

White，Halbert. 1982. Instrumental variables regression with independent observations. *Econometrica* 50 (2)：483 – 500.

Young，Alwyn. 1991. Learning by doing and the dynamic effects of international trade. *Quarterly Journal of Economics* 106：369 – 405.

☰ 后记

　　罗伯特·C. 芬斯特拉(Robert C. Feenstra)教授是当今实证国际贸易学领域里的顶尖学者。他在产品多样性和离岸贸易与投资等前沿领域都做出过奠基性的贡献。本书正是芬斯特拉教授对"产品多样化与国际贸易收益"这一领域的优秀研究成果的总结。本书以严谨的理论分析,细致的实证检验,以及深入浅出的直观解释,向读者展示了产品多样化是如何通过国际贸易影响一国的生产力与福利发展的。

　　目前我国已跻身世界最大出口国和第二大贸易国,国际贸易对我国经济的持续健康发展有着极其重要的影响。本书为我国广大学者研究国际贸易与经济发展的关系提供了重要的方法,使我们能深入了解贸易的广延边际和集约边际对经济的不同影响,从而为我国的贸易、产业政策的优化提供更为合理的建议参考。

　　本书的顺利翻译出版,不光是我个人的努力,也得益于我的妻子许旻女士的支持以及我的两位学生——贺超群和邬杨玉——出色的辅助。在此,我向她们表示诚挚的谢意。此外,我也感谢上海市浦江人才计划科研基金的支持。最后,我要特别鸣谢本书的出版商——上海世纪出版股份有限公司格致出版社——引进了本书,使得芬斯特拉教授的最新研究成果能迅速地被我国研究人员分享。当然,限于本人水平有限,在本书的翻译中不免有错误与疏漏之处,希望广大读者不吝赐教,批评指正,本人不胜感激。

陈波

于 2011 年 9 月 29 日子夜

图书在版编目(CIP)数据

产品多样化与国际贸易收益/(美)芬斯特拉
(Feenstra，R. C.)著；陈波译. —上海：格致出版社
：上海人民出版社，2012
（国际经济学译丛）
ISBN 978-7-5432-2143-7

Ⅰ.①产… Ⅱ.①芬… ②陈… Ⅲ.①国际贸易–研
究 Ⅳ.①F74

中国版本图书馆 CIP 数据核字（2012）第 173042 号

责任编辑 谷 雨

美术编辑 路 静

国际经济学译丛
产品多样化与国际贸易收益
［美］罗伯特·C.芬斯特拉 著
陈波 译

出 版　世纪出版集团　格 致 出 版 社
　　　　www.ewen.cc　www.hibooks.cn
　　　　　　　　　上海人民出版社

（200001 上海福建中路 193 号 24 层）

编辑部热线 021-63914988
市场部热线 021-63914081

发 行　世纪出版集团发行中心
印 刷　上海市印刷十厂有限公司
开 本　635×965 毫米 1/16
印 张　9.75
插 页　1
字 数　108,000
版 次　2012 年 9 月第 1 版
印 次　2012 年 9 月第 1 次印刷
ISBN 978-7-5432-2143-7/F·557
定 价　26.00 元

Product Variety and the Gains from International Trade

Robert C. Feenstra

本书根据 MIT Press 2010 年英文版译出。本翻译版经由 MIT Press
授权格致出版社出版,限中华人民共和国境内(除港澳台地区)销售。

上海市版权局著作权合同登记号:图字 09 - 2010 - 734 号